ヒメジョオン、タンポポ、
ヒメツルソバ etc.
糸をかがって作る美しい花の世界

野の花の小さなてまりとアクセサリー

寺島 綾子

誠文堂新光社

ふと気になった光景を手のひらで転がせて

毎日の犬との散歩途中、よそさまの庭や道端に咲いている野の花が目にとまります。
かわいいなと感じるもの、そうでもないもの、いろいろありますが、
いつしか図鑑を購入して野の花を調べるようになりました。
七変化は花屋さんで買って育てる植物だという認識でしたが、
道端にも生育していることを知りました。
さらにはその地域に行かないと出合えないような野の花までも気になりだし……。
知れば知るほど野の花に興味がわいてきますが、時期が過ぎたら花は散り、
また庭の野の花はある日むしりとられていることも。

そんなとき、ふとこの野の花をモチーフにしたてまりをつくってみようと思いました。
野の花をよく観察して、どの糸を使うか、どうかがるか、
イメージをめぐらせながら、手を動かし続けると時間を忘れてしまいます。
そして、散歩途中に見た野の花のかわいらしさを表現するために、
円周8cmという小さなてまりになりました。
どのてまりもモチーフにした野の花を見たときの思い出があります。
いざつくろうとしてみたものの、かたちにするのが難しいものもありました。
そんな野の花から本書は20のてまりと10のアクセサリーを紹介しています。
そのとき、その場所でしか見られない野の花ですが、てまりにすれば部屋の片隅に、
アクセサリーにすれば、そのかわいらしさをもっと身近に感じれます。
本書を参考にしながら、みなさんが見た野の花のデザインに
アレンジしていただければ幸いです。

寺島 綾子

もくじ

HOW *to* MAKE

表紙に掲載した作品の紹介ページ

1 ―― P.27
2 ―― P.23
3 ―― P.23
4 ―― P.22
5 ―― P.6
6 ―― P.32
7 ―― P.34
8 ―― P.8
9 ―― P.20
10 ―― P.26
11 ―― P.17
12 ―― P.17

※本書では紹介していない糸を使用しています。

【本書について】

- 本書のてまり作品は円周 8cm サイズで紹介していますが、アクセサリーはサイズやかたちを変更したものがあります。
- 作り方ページにて、糸が見えやすいように実際とは違う色を使用している場合があります。
- 色違いの作品については糸の種類を紹介していません。紹介している作品を参考に別の色の糸でアレンジしてください。

風車《カザグルマ》

作り方 ─ P.56

基本の上掛け千鳥かがりで
特徴的な大きな花を表現。
紺の土台で淡紫の花を際立たせました。

花びらに見えるガクを
おもちゃの風車に見立てた、
キンポウゲ科の多年草。
直径 10cm 前後の花を咲かせます。

Arrange
for accessories

風車のネックレス

作り方→P.91

A

B

円周4cmのとても小さなてまりを
二連フレームにおさめました。
てまりと同色のガラスビーズを
合わせてモダンな佇まいに。

蒲公英《タンポポ》

作り方 — P.58

蒲公英は小さな花の集合体。
細かく分割し、黄色で濃淡をつけて。
黄緑の土台、茶色の帯は草原です。

キク科の多年草。
黄色い花は朝に咲き、
夕方には一日を終えるように閉じます。
開花は３～６月で春の訪れを感じさせます。

山桜《ヤマザクラ》

作り方 ― P.59

山桜の花びらはハート型で、
白からピンクのグラデーションに。
10等分の地割りを少しアレンジしました。

バラ科の落葉高木。
山地に自生する日本の固有種で、
古くから和歌に詠まれるなど
日本人に親しまれてきました。

花桃《ハナモモ》

作り方ー P.60

あでやかなピンク色の花びらを
重ねて、ふんわりとした
八重咲きの花桃にしました。

「桃の節句」でもおなじみの花桃は
バラ科の落葉小高木。
弥生時代に渡来したといわれ、
江戸時代に観賞用として
改良されはじめました。

Arrange
for accessories

花桃のブローチ

作り方 → P.91

変形土台のてまりを使用しています。
カブトピンにつけたブローチが
動くたびにゆらゆら揺れます。
花桃（左ページのてまり）とは違う色でアレンジしました。

悪茄子《ワルナスビ》

作り方－P.62

星のように開いた薄紫の花びらを
下掛け千鳥かがりでかたちづくります。
トゲのある葉や茎は帯のステッチで。

春から秋にかけて、野原や道端で
白や薄紫色の花を咲かせるナス科の多年草。
繁殖力が強く、トゲもあることから
「悪」という花名がつけられたそう。

Arrange
for accessories

悪茄子のイヤリング

作り方→P.92

変形土台のてまりを
糸の色を替え
ファッショナブルな
アクセサリーに。
花の形や色に合わせて
さまざまなアクセパーツを
合わせましょう。

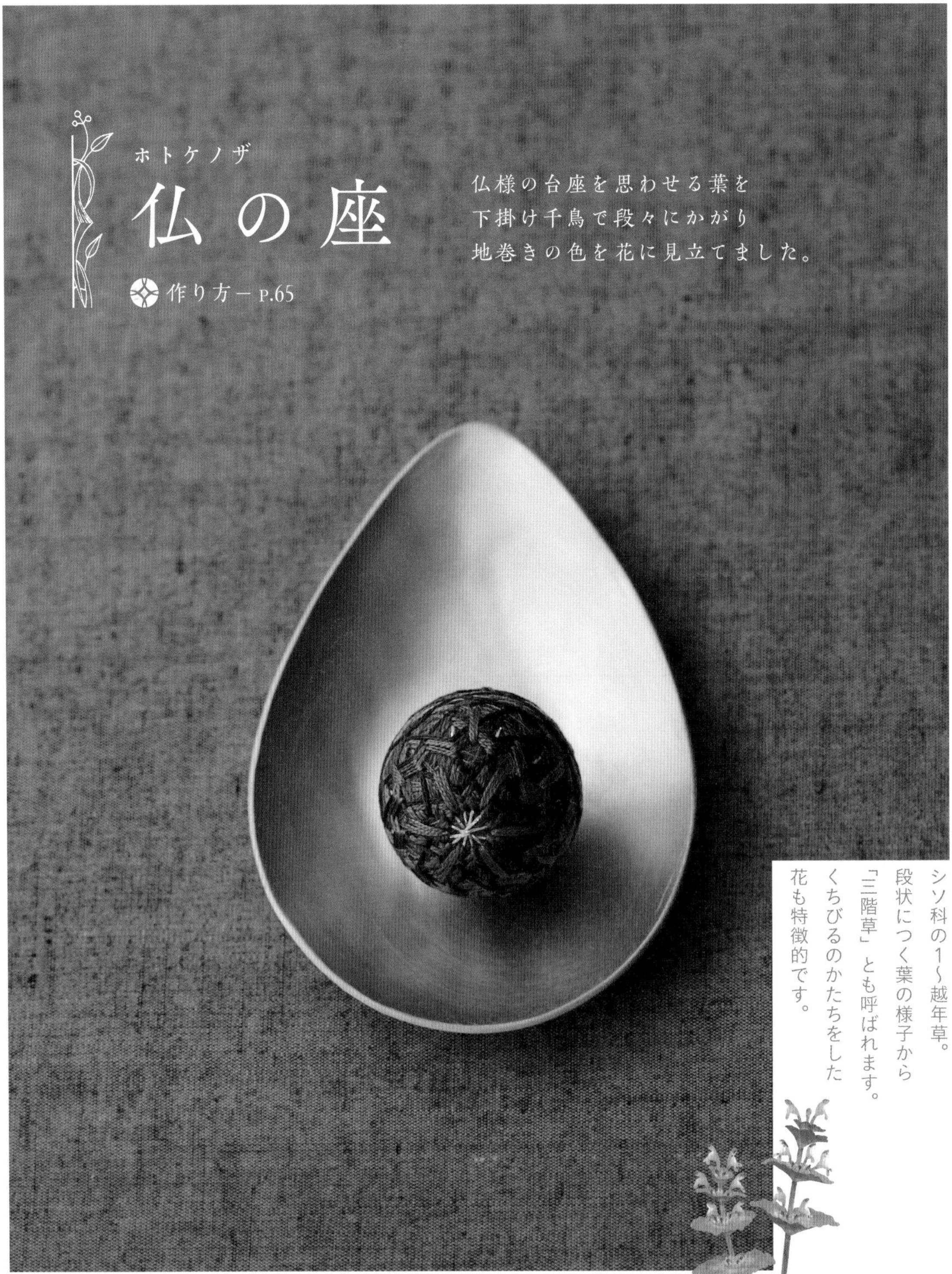

仏の座《ホトケノザ》

作り方 ― P.65

仏様の台座を思わせる葉を
下掛け千鳥で段々にかがり
地巻きの色を花に見立てました。

シソ科の1〜越年草。
段状につく葉の様子から
「三階草」とも呼ばれます。
くちびるのかたちをした
花も特徴的です。

山荷葉《サンカヨウ》

作り方→P.66

ラメ糸と絹糸で6枚の花びらの
みずみずしさと透明感を演出しています。
フレンチノットステッチで黄色いしべを表現。

小さな白い花を咲かせる
メギ科の多年草。
花びらは雨に濡れると透明になり
その幻想的な姿に愛好家も多いとか。

褄取草《ツマトリソウ》

作り方－P.68

7等分の土台に菱形を重ねて
美しく並んだ7枚の花びらを。
糸の色を替えて淡紅色に染まる花びらも描きます。

真っ白な花を上向きに咲かせる、ヤブコウジ科の多年草。花名は、花びらの先がほんのり色づく様子から褄（＝端）や「褄取り（鎧の色合い）」に由来しています。

Arrange
for accessories

褄取草のリング

作り方→P.93

円周5cmの小ぶりなてまりが
品のよい手元に演出します。
糸やガラスビーズの色を替えて
洋服に合わせてもよいでしょう。

七変化《シチヘンゲ》

作り方 ― P.70

徐々に花の色が変化する不思議な花。
丸く集まって咲く小さな花を
黄色からピンクのグラデーションで。

黄色からピンクや赤へと変化させる、
クマツヅラ科の植物。
グラデーションの色合いは、
チョウが蜜を吸うための目印に。

Arrange
for accessories

七変化の ヘアバトン

作り方→p.92

円周8.2cmと6cmの
2種を色違いで。
1本のみでも、組み合わせても
ヘアスタイルを引き立てられます。
キャッチのパールもアクセントに。

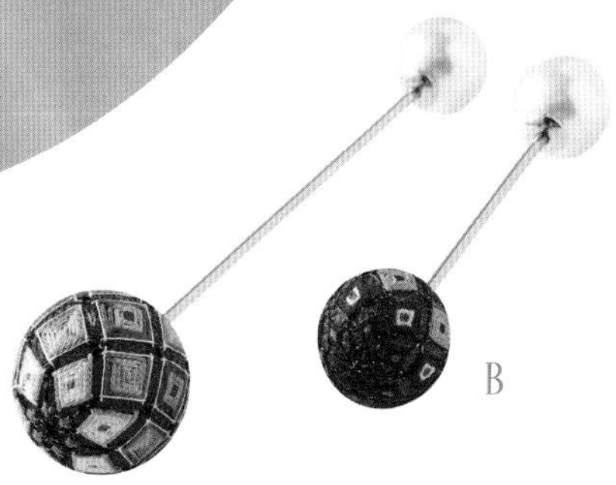

A

B

姫女苑《ヒメジョオン》

作り方ー P.72

黄色い筒状花を傘かがりで、
糸のように広がる白い舌状花を
松葉かがりを応用して描きました。

小さいことを表す「姫」と、
中国産の野草を表す
「女苑」が花名の由来となった
キク科の１～越年草。
中央には黄色い筒状花があり、
周りに白い糸状の舌状花をつけます。

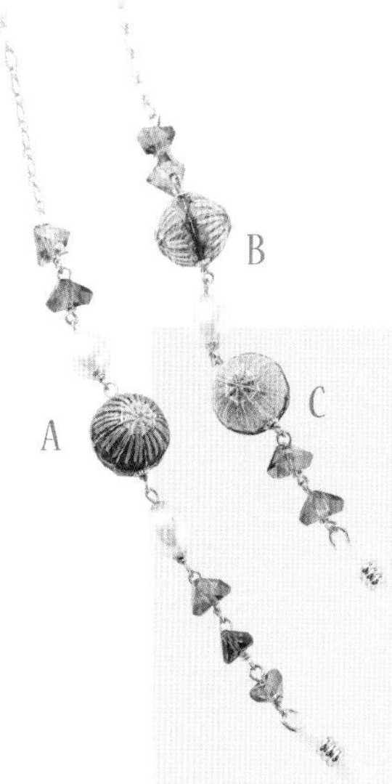

円周4cmのてまりにパールや
ガラスビーズを組み合わせ、
顔まわりを華麗に演出します。
マスクコードにするのも
おすすめです。

Arrange
for accessories

姫女苑のグラスコード

作り方→P.93

長実雛罌粟《ナガミヒナゲシ》

作り方ーp.71

大きく開く花をざるかがりで、
中心は傘かがりで、
空に向かって咲く様子に。

道端でもよく見かける
ケシ科の1～越年草。
朝になると
淡いオレンジ色の
花びらを大きく開き、
夕方には散ってしまう儚さも。

Arrange
for accessories

長実雛罌粟のブローチ

作り方 → P.94

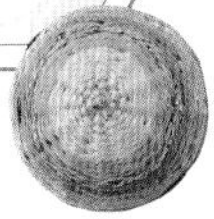

A

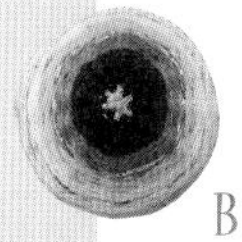

B

変形土台のてまりを胸元に。
幾重にも重なり合った
糸のグラデーションは、
シンプルな装いに映えます。

夕化粧《ユウゲショウ》

作り方 — p.74

8等分の組み合わせでできる四角形と三角形。
カーブを描くには、かかる順番がポイントです。
花びらのきれいなすじ模様はラメ糸で。

夕方から花を咲かせる、
といわれたことから名づけられた、
アカバナ科の多年草。
おしべには、白い花粉がたっぷり。

大犬の陰嚢《オオイヌノフグリ》

作り方ーP.76

主役は土台まりです。
ロイヤルブルーなど花の色で巻いてみて。
地割りの糸も花びらの模様の一部です。

早春の野の道端に
小花を咲かせる、
オオバコ科の越年草。
花びらは4枚に見えて、
ひとつにつながっています。

犬芥子《イヌガラシ》

作り方 ― P.78

特徴的な十字型は帯で表現。
暗緑色に赤みを帯びる茎を赤茶、
花びらは菱形にかがって描きます。

アブラナ科の多年草。
枝先に小さくて黄色い、
十字のかたちの花を次々に咲かせます。
種が芥子と似ているのに
辛くないのが名前の由来。

A

B

Arrange
for accessories

犬芥子の
イヤリング

作り方 → P.94

円周5cmのてまりの色数を増やし、
3種の天然石を組み合わせて
顔まわりを彩り華やかに。
足取りに合わせてリズミカルに揺れます。

藪枯らし《ヤブガラシ》

作り方 — P.80

黄緑色の花びら、オレンジ色の花盤は
菱形をかがってかたちづくります。
実を模した六角形も合わせました。

ブドウ科の多年草。夏に開花する緑色の花びらは半日ほどで散り、オレンジ色の花盤が残ります。やぶを枯らすほどつるを伸ばして、生い茂ることが名前の由来。

母子草《ハハコグサ》

作り方 — P.82

五角形をかがって葉や茎を表現。
ふんわりとした質感の刺しゅう糸で
フレンチノットステッチを施し、
やわらかいニュアンスを出しました。

キク科の越年草。
春から初夏にかけて
白い毛に覆われた、うす緑色の葉とともに、
細かな黄色の花を密に咲かせます。

傍食《カタバミ》

作り方 — P.84

かわいらしい花の姿を五角形でつくります。
花は全部で12ヵ所にかがります。
配色を楽しみましょう。

※写真左：ムラサキカタバミ、上：アカカタバミ、下：カタバミをイメージしています。

春から秋にかけて小さな花を咲かせる
カタバミ科の多年草。
葉の一方が欠けて見えることから、
この名前になったといわれています。

Arrange
for accessories

傍食の
バックチャーム

作り方→P.95

円周10cmのてまりで
五角形それぞれの色をアレンジ。
ナチュラルカラーのバッグの
アクセントになります。

胡瓜草《キュウリグサ》

作り方 — P.88

空色の小さな花が上向きに咲く様を
五角形と三角形をかがってつくります。
中心に黄色をあしらい、可憐に。

葉をもむとキュウリのような
においがすることが花名の由来と
なっている、ムラサキ科の１～越年草。
2mm ほどの花を次々と咲かせます。

亜米利加風露《アメリカフウロ》

作り方－P.89

菱形、十角形、三角形の組み合わせで
花びらに透ける花脈まで
細かに再現しました。

7～9月に淡紅色の
小さな花を咲かせる
フウロソウ科の1年草。
小さな花びらに透ける花脈が
生命力を感じさせます。

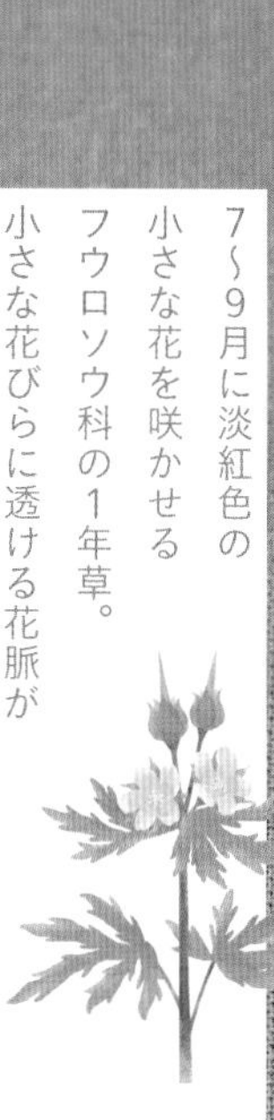

姫蔓蕎麦《ヒメツルソバ》

作り方ー P.86

菱形と十角形のかがりで、
金平糖のようなつぶつぶとした花が
たくさん咲く様を描きます。

路地裏などでよく見かける
タデ科の多年草。
小花が集まった1cmほどの
金平糖のような球状のかたちが特徴で
寒くなると色が濃く変化します。

Arrange
for accessories

姫蔓蕎麦のチョーカー

作り方→P.95

円周6cmのてまりに
ガラスビーズを合わせたヘッド。
丸紐の長さは調整できるので
洋服に合わせて首回りを演出できます。

HOW
to
MAKE

てまりの美しい模様は、さまざまな糸を
順番にかがっていくことでできあがっていきます。
難しそうに見えるけれど、実は同じ作業の繰り返し。
まずは基本をマスターしてチャレンジしましょう。

てまりづくりの基本手順

1 土台をつくる P.40

モチーフをかがる前の土台となるまりです。
芯となるわたに1本の糸を巻いて、
まるいかたちにしていきます。

2 地割りをする P.42

モチーフをかがるときの目印となるのが地割り。
まち針で位置を決め、糸を渡して分割します。

3 モチーフをかがる P.50

地割りの糸をすくって、
順番にかがっていくと模様が表れます。

表と図の見方

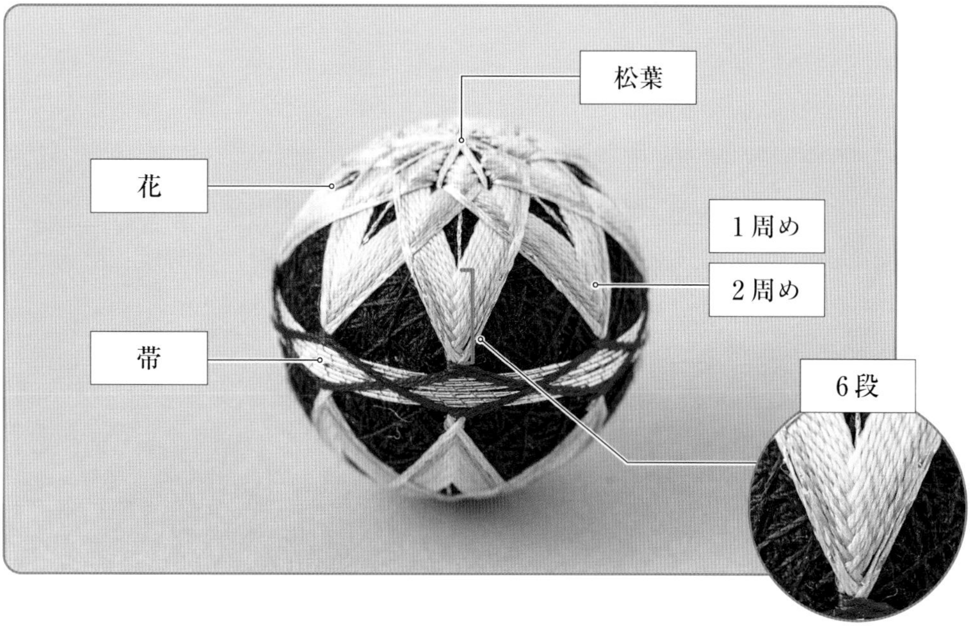

材料 & 配色表（例）

花	●	A 都羽根絹手ぬい糸［17］	1段め
	●	B 都羽根絹手ぬい糸［213］	2段め
	●	C 都羽根絹手ぬい糸［127］	3～4段め
	●	D 都羽根絹手ぬい糸［215］	5段め
	●	E エンゼルキング ラメステージ［1265］	6段め
帯	●	F 金糸	赤道の上下に各3段
	●	G 都羽根絹手ぬい糸［164］	千鳥かがり2周
松葉	●	H エンゼルキング ラメステージ［1261］	片側4本

モチーフに使用するかがり糸の種類と配色を紹介。●の色はかがる糸の配色です。

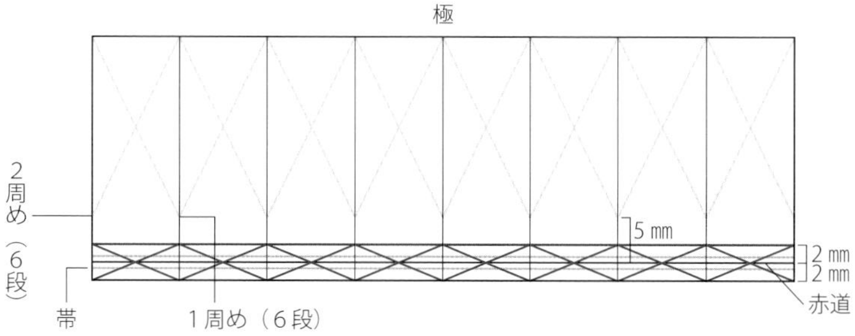

土台の上下半分を平面に展開した図案。柱の数、糸をかがる位置・段数と配色を表しています。

道具

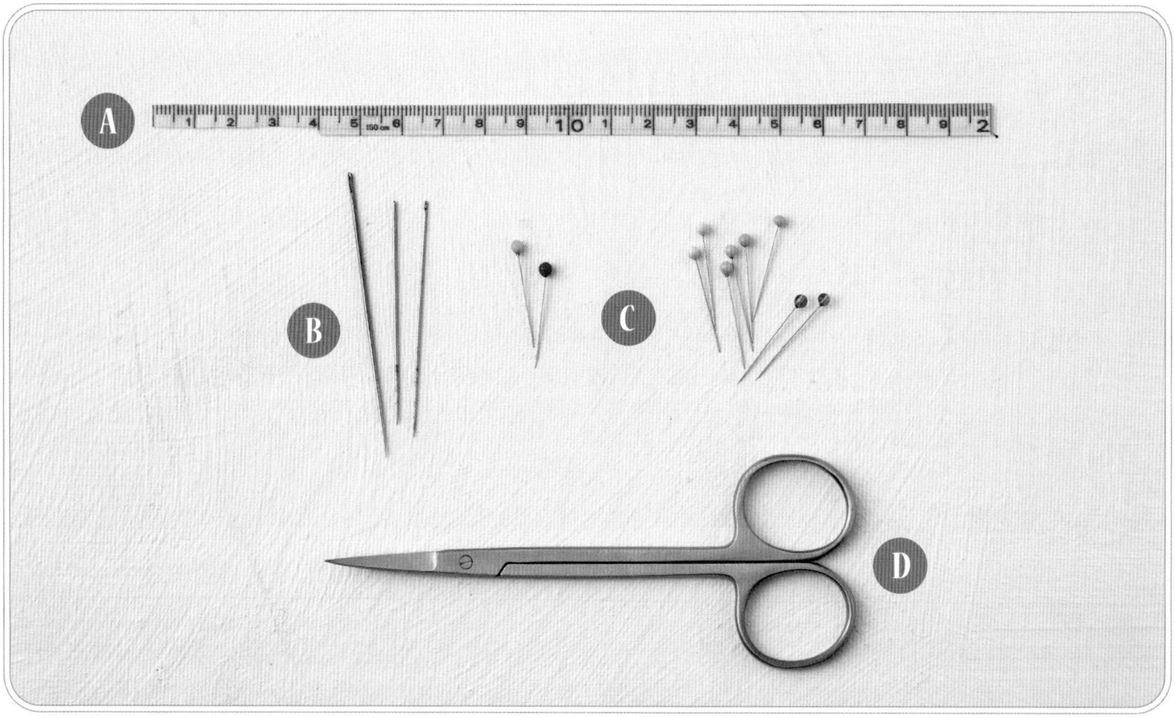

A メジャー

地割りやモチーフをかがる際に使います。目盛りが「０」の位置から20cmほどにカットすると作業しやすいです。また、メジャーの目盛りがついたマスキングテープを使うのもおすすめ。

B かがり用針

モチーフをかがる際に使う針。本書ではふとん針を使用しましたが、太くて長めの針ならなんでも大丈夫です。モチーフによっては、2～3本同時に使うこともあります。太さが異なるものが数本あると便利。

C まち針

地割りやモチーフをかがる際の目印に使います。短いほうが作業しやすく、何色かあると、目印の使い分けができて便利です。本書では基本の北極は水色、南極は赤を使用。

D ハサミ

糸の始末に使います。てまりが小さいため、刃先が細いものを使うのがおすすめです。

【 材料 】

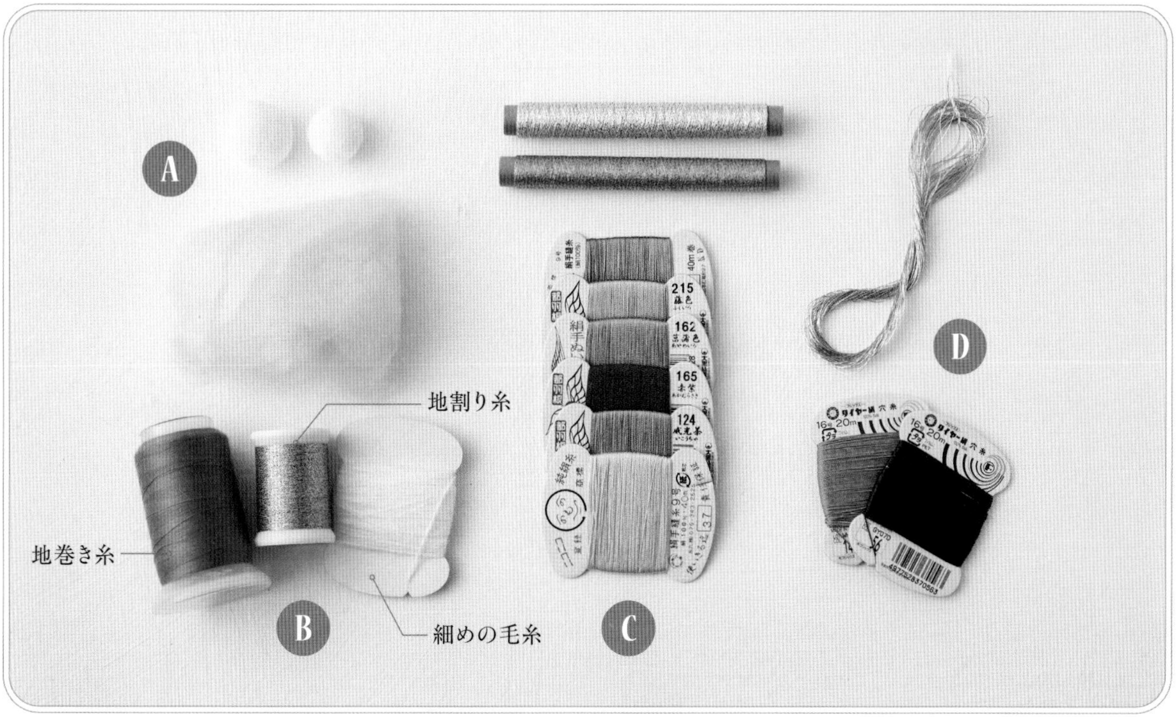

A 手芸わた

てまりの芯にするため、丸めて使います。ぼんてん（100円ショップなどでも購入可能）がある場合は、ぼんてんのまわりに手芸わたを巻いていくと、作業がしやすいです。

B 土台づくりの糸

地巻きには、ロックミシン用のスパン糸90、100番が扱いやすくおすすめ。地割り糸は、金または銀の40番糸（カントリーママ メタリックスレッド）を。細めの毛糸は土台わたを丸くかたちづくるのに使うと便利です。

C かがり糸

モチーフをかがる糸は、「都羽根絹手ぬい糸9号」、「ニコニコ純絹糸絹手縫糸9号」などがおすすめ。華やかさを加えたいときにはラメ糸も使います。基本的に2本どりで使います。

D 帯用糸

てまりの中央にある赤道部分に巻く帯のための糸。金糸3掛、絹穴糸16号など太めの手縫い糸を使います。

土台をつくる

土台にゆるみやたるみがあると、モチーフをかがったときに
模様が崩れる原因にもなります。
ていねいに糸を巻いて、美しいまりに仕上げましょう。

材料　○手芸わた　○細めの毛糸　○ロックミシン糸

わたをちぎる

1

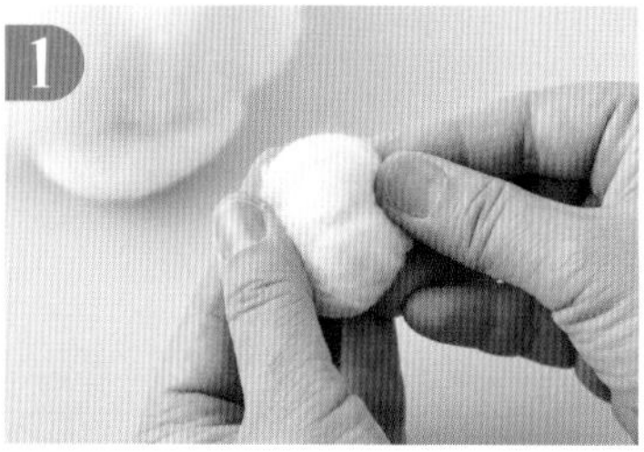

わたをちぎり、軽くつぶしてまとめる。円周8cmのてまりの場合、最初は手のひら程度の大きさを目安にしてわたをちぎる。

糸を巻く

2

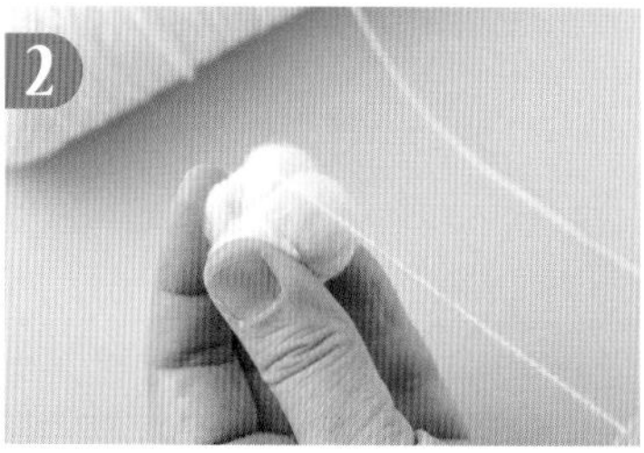

わたを球状にしたら、細めの毛糸をランダムに巻いていく。同じ場所ばかり巻かないようにわたを回して角度を変える。

3

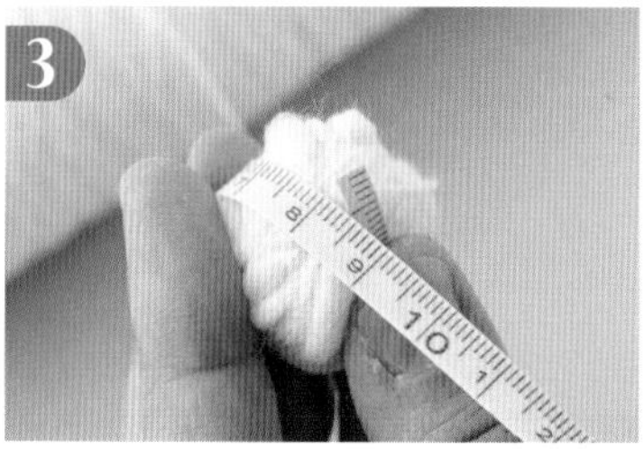

円周8cm弱になるまでメジャーでサイズを確認しながら毛糸を巻いていく。

きれいなまりに仕上げるために

同じ場所ばかり巻くと右の写真のようにその場所だけ硬くなり、不恰好でかがりづらいまりになってしまうので注意。終盤ほど糸がランダムになるよう巻くと仕上がりもきれいに。

丸くつくれるか不安な人は

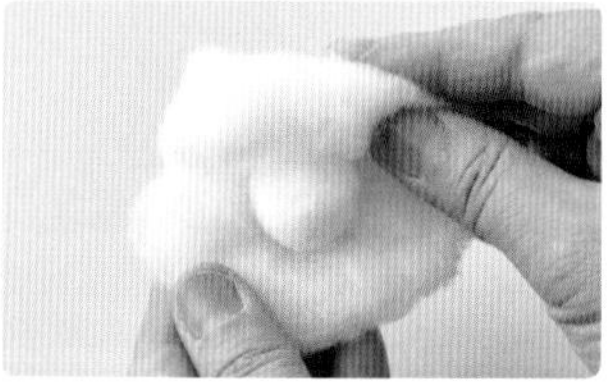

100円ショップでも購入できるぼんてん（P.39Ⓐ）を中心に入れてから、わたを丸めていくときれいな丸をつくりやすい。

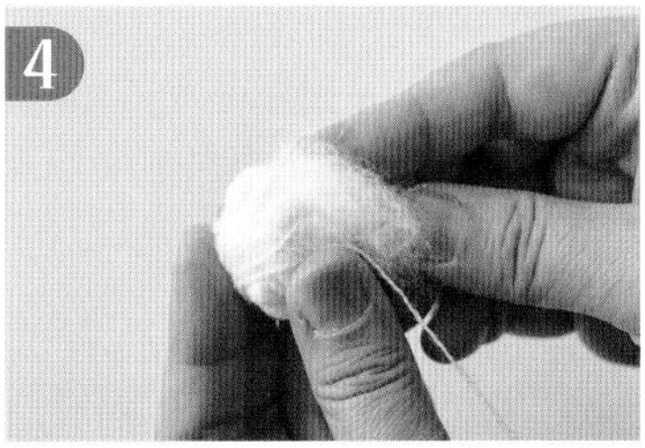

サイズが小さかったり凹んだりした部分には、少しずつわたを足して毛糸を巻いて丸に近づける。逆にわたがはみ出てしまったら、はみ出た山をつぶすように毛糸をかける。

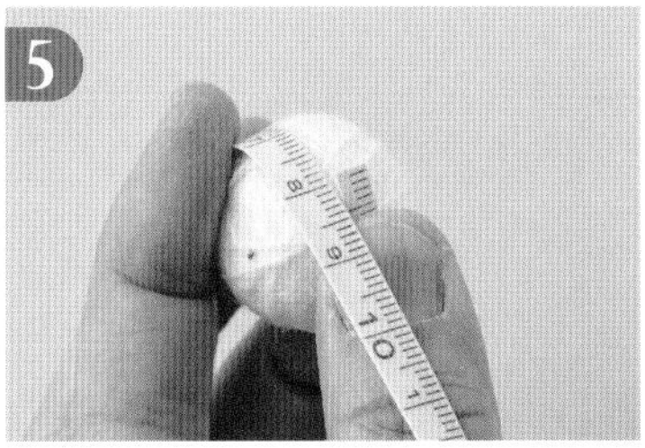

きれいな丸になるよう回しながら巻き、サイズが円周8cm弱になるよう確認しながら整えていく。

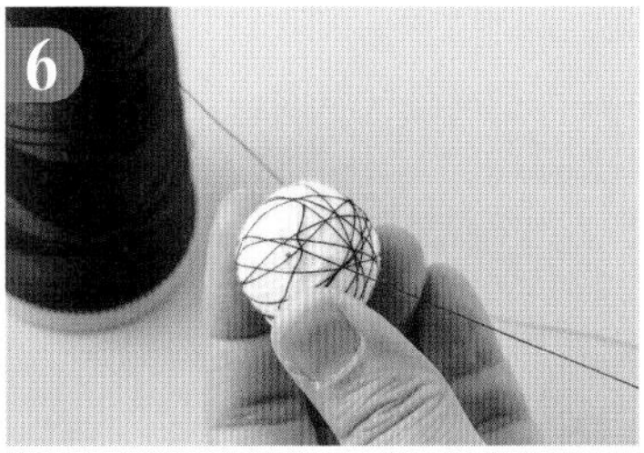

円周8cm弱になったら地巻き糸を巻いていく。**2**と同じ要領で、バランスよく巻く。

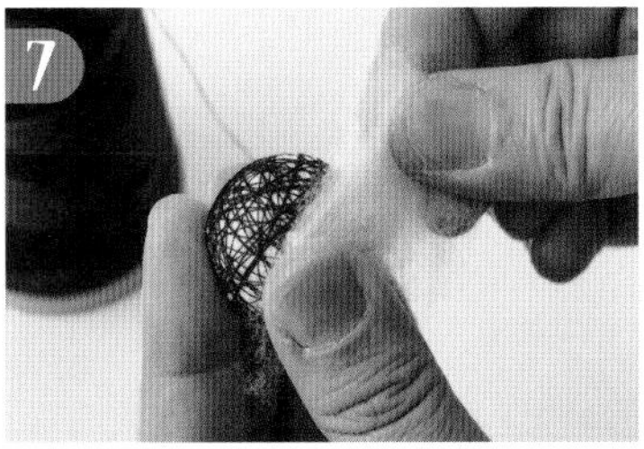

4と同様に、適宜わたを足しながら毛糸を巻いていく。逆にわたがはみ出てしまったら、はみ出た山をつぶすようにして糸をかけ、かたちを整えていく。

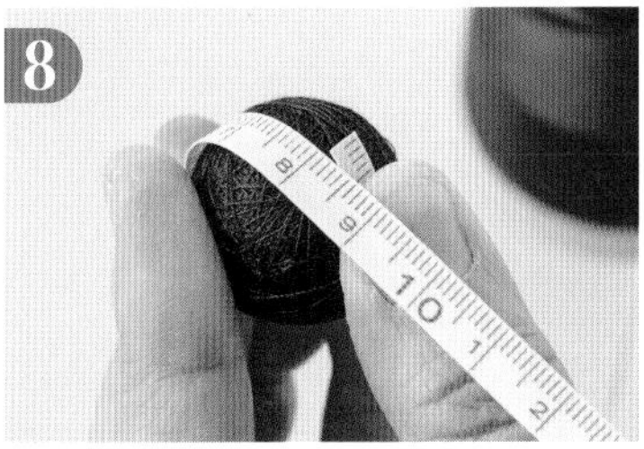

どこから測っても同じ円周になるよう、こまめに測りながら作業する。わたと毛糸が見えなくなるまで巻く。

糸端を処理する

針に糸端を通して土台にさし、返し針（→P.50）をする。土台のぎりぎりの位置で糸端を切る。土台の糸は巻いてあるだけでほどけやすいので注意。

Point 土台の糸の太さは90、100番に

あまり太すぎる糸を使うと、写真右（30番使用）のように粗い土台になってしまい、モチーフがきれいに仕上がらない。最低でも80番以上の糸がおすすめ。

糸の巻き方が甘いと

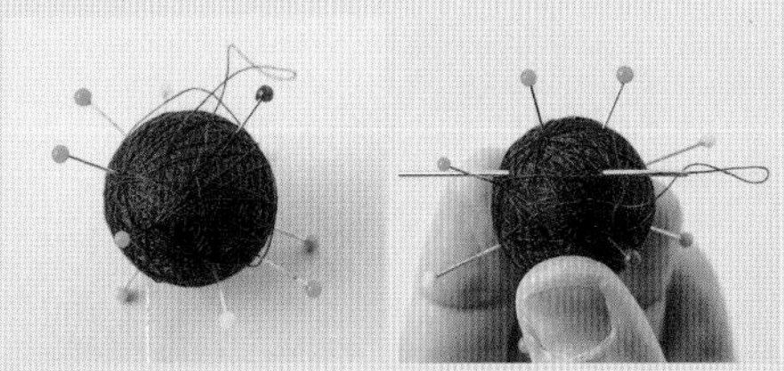

地割りやモチーフかがりのときに土台の糸が出てきてしまうことも。その際は、出てきた糸を針に通し土台に入れ込み、返し針で留める。ひどいときは糸を巻き足す。

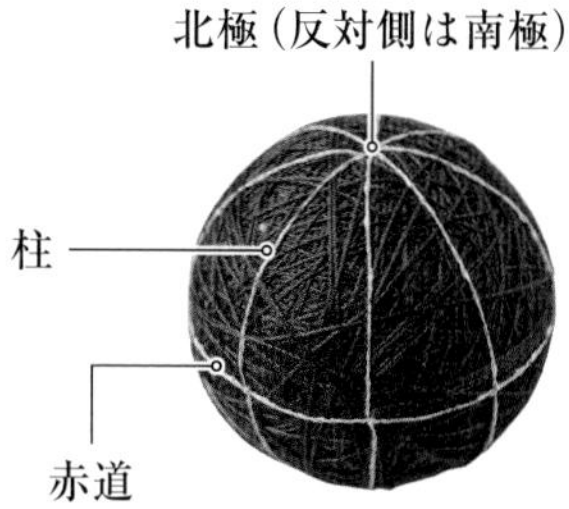

8等分地割り

地割りとは 》 てまりをかがるにあたっての目印、
ガイド線として、てまりを分割する工程のこと。
てまりを地球に見立てて、
北極、南極、赤道の位置を決めます。

材料　○地割り糸　○土台まり　○まち針

北極の位置を決める

北極となるまち針（水色）を土台の好きな位置に打つ。

南極の位置を決める

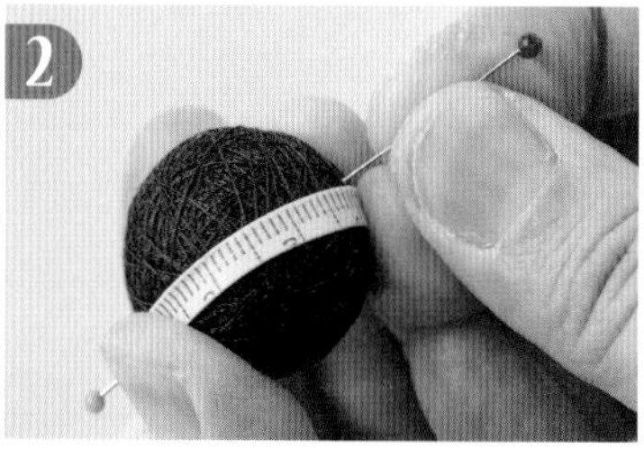

北極にメジャーを合わせ、円周の半分の位置に、南極となるまち針（赤）を打つ。どこから測っても同じ寸法になるよう、何ヵ所か測りながらていねいに位置を調整する。

赤道の位置を決める

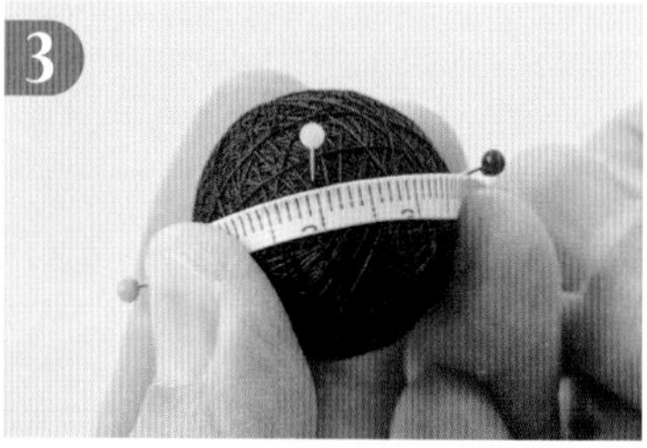

北極から南極までメジャーを当て、半分の位置（円周の1/4の位置）に赤道用のまち針（ここでは黄色）を打つ。反対側も同様にする。

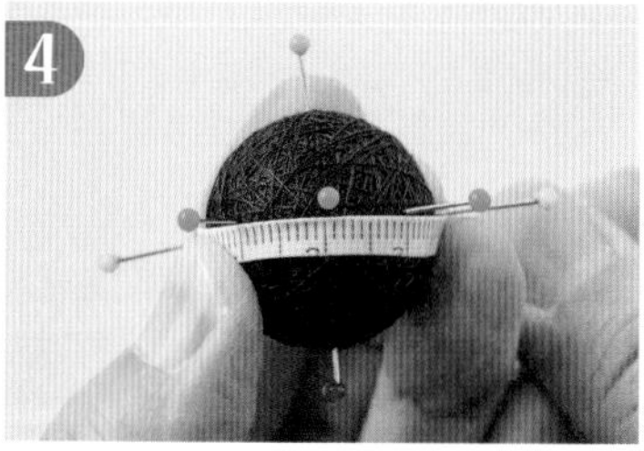

3で打った黄色のまち針にメジャーを渡し、円周1/8ごとにまち針（ここでは緑）を打っていく。これが赤道となる。

3～**4**で打ったまち針が両極から等しい位置になるよう、南極から北極までメジャーで測り、半分の位置にまち針を打ち直す。

Point

目印をつけた状態

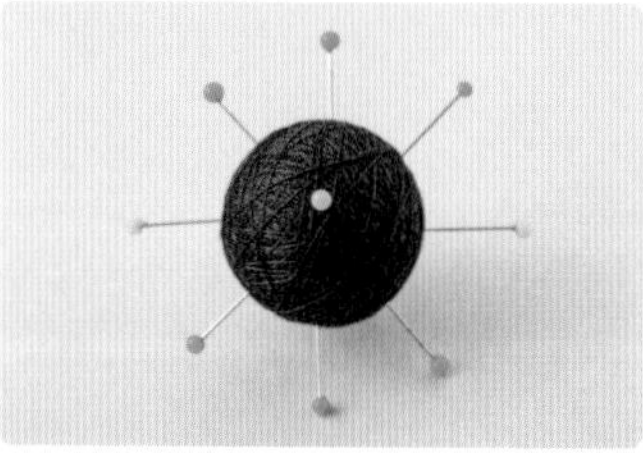

この目印がズレてしまうと、地割りが曲がってモチーフにも影響が出るので、ていねいに測ること。

北極からさし始める

地割り糸を糸巻きから切らずにそのまま針穴に通し、北極のまち針の根元に針を入れ、適当なところから出し針をはずす。

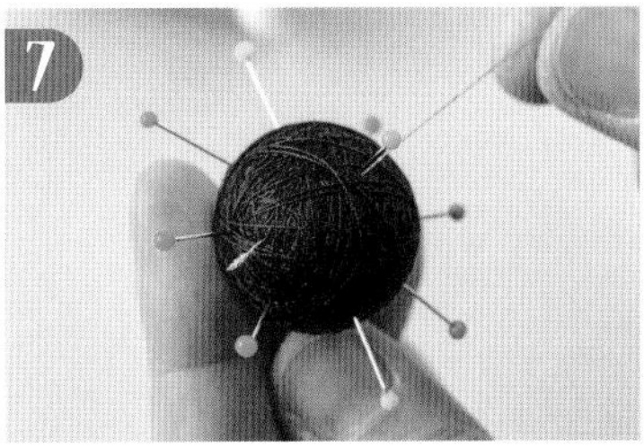

玉留めをして糸を切り、北極側から糸を引いて玉留めを土台のなかに隠す。糸は北極から出ている状態となる。

柱をつくる

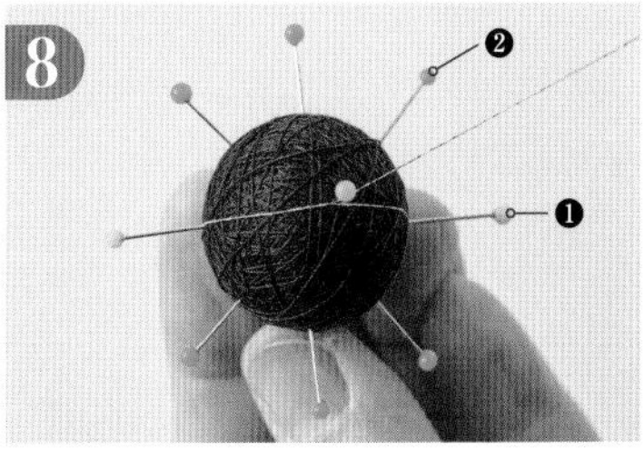

北極を始点にまりを回転させながら、赤道のまち針❶へ糸を渡す。南極→反対側のまち針を通って糸を1周巻いたら、北極のまち針に糸をかけてからまち針❷へ糸を渡す。

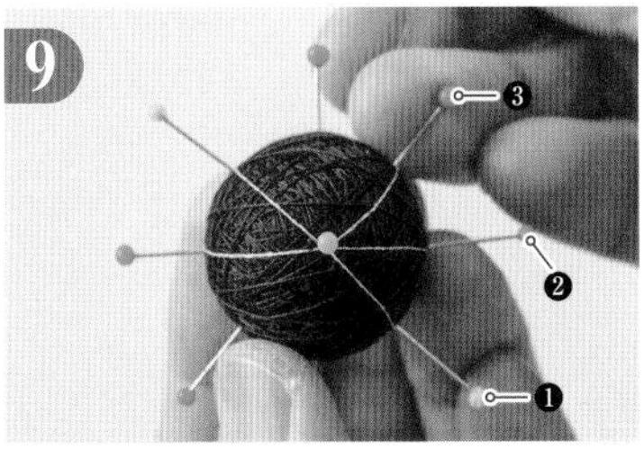

8の要領でもう1周巻いて北極に戻ったら、北極のまち針に糸をかけてからまち針❸に向かって糸を渡す。

柱をかがり留める

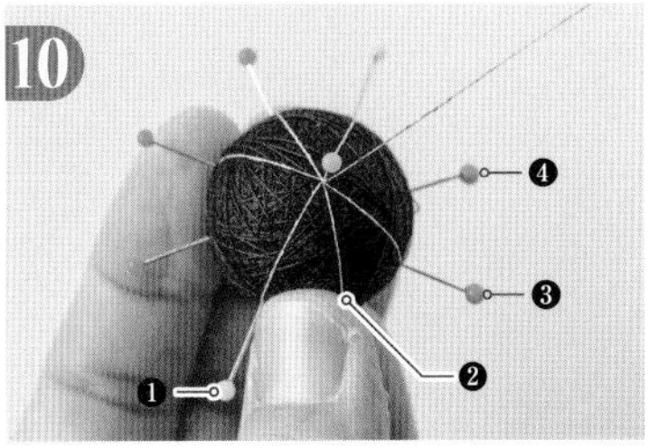

8～9の要領で3周する。糸を15cmほど残して切ってからまち針❹に向かって糸を渡す。

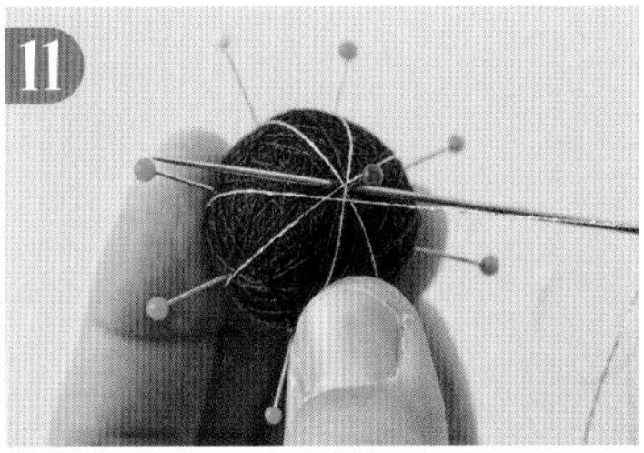

糸端を針に通して、南極の糸の交差している部分を、まち針の根元に針を入れて土台ごとすくってかがり留める。

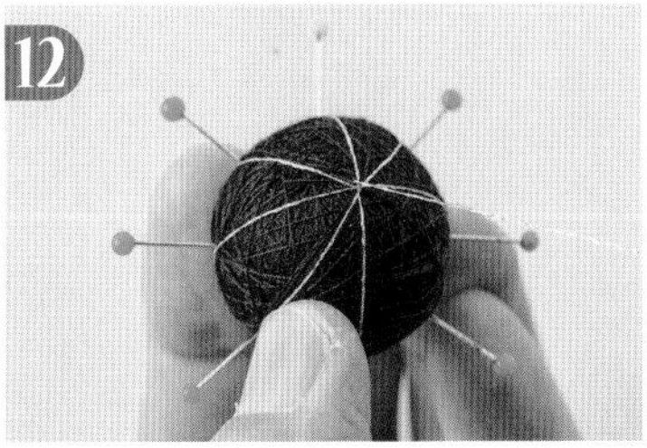

すべての柱が留まっているか確認したら、南極のまち針を取る。そのまま北極に糸を渡す。

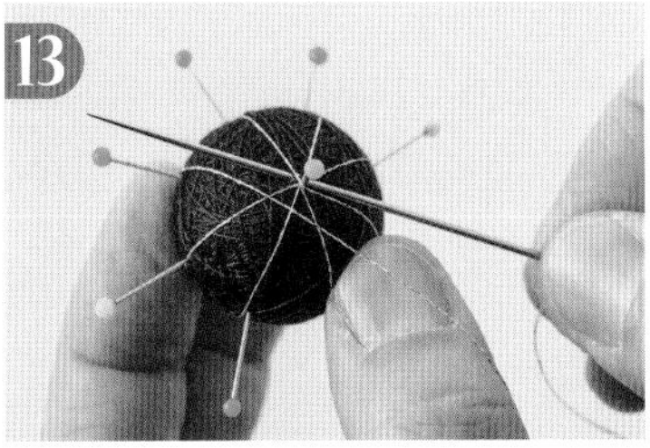

11と同じ要領で北極の糸の交差部分をかがり留める。

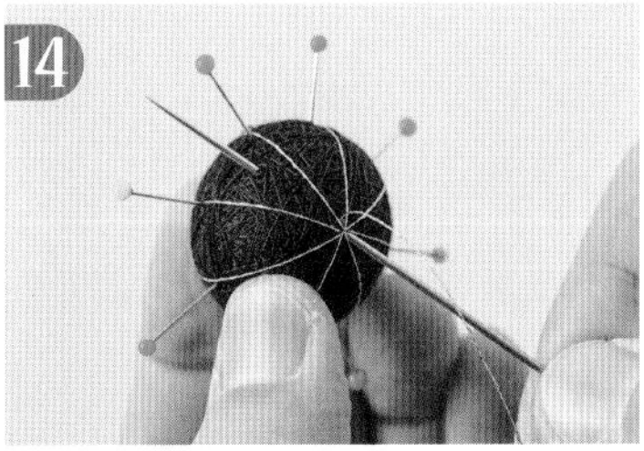

そのまま適当なところへ針をさし、返し針（→P.50 2～3）をして糸を切る。

赤道をつくる

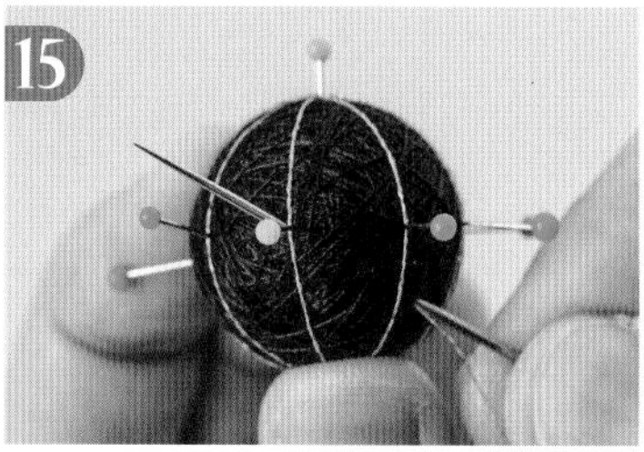

20cmほどに切った地割り糸を針に通し、糸端を玉結びする。適当な位置に針を入れ、赤道のまち針(黄)の根本、柱の左側から針を出す。糸を引き、土台のなかに糸端を隠す。これが始点となる。

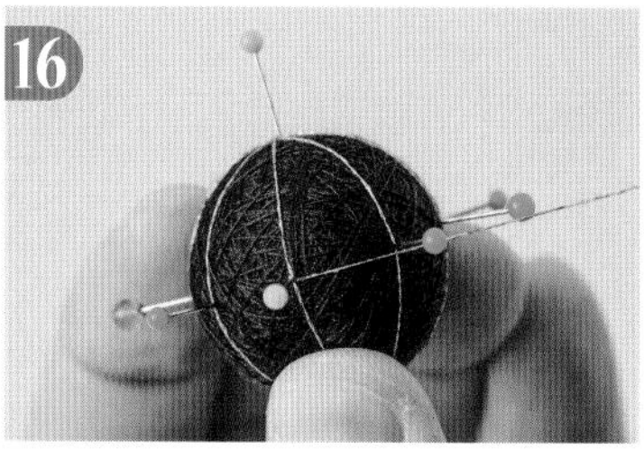

まりを回しながら、糸を赤道のまち針に沿って1周させる。

赤道の位置を整える

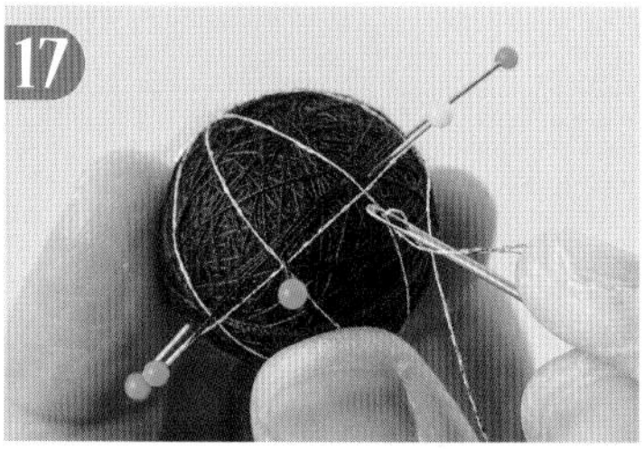

針穴のほうを使って赤道の位置を整える。

始点のまち針まで戻ったら、糸をまち針に引っ掛ける。

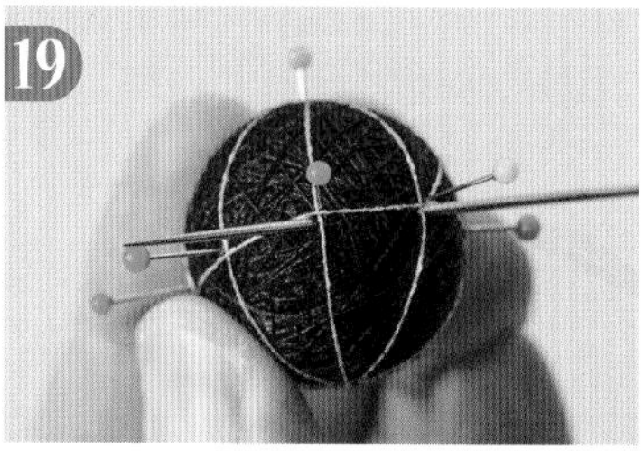

始点の柱と赤道の交点の右下から針を入れ、左隣のまち針と柱の交点の左下から針を出す。

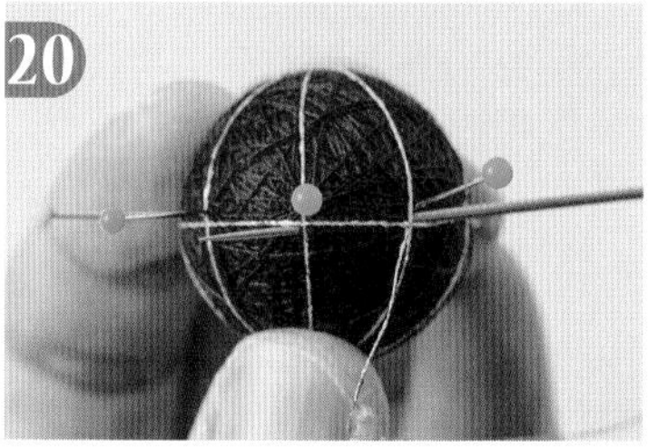

18～19と同様にして、各柱と赤道の交点をすべてかがり留める。

Point 留めたところはまち針をはずしていくと、作業しやすい。

Point

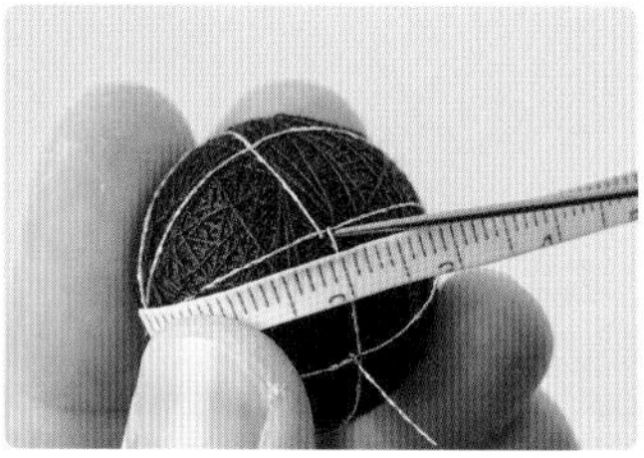

柱にズレができていないか確認する。ズレがあれば、両極の1/2の地点になるよう針を入れ、位置を整えていく。

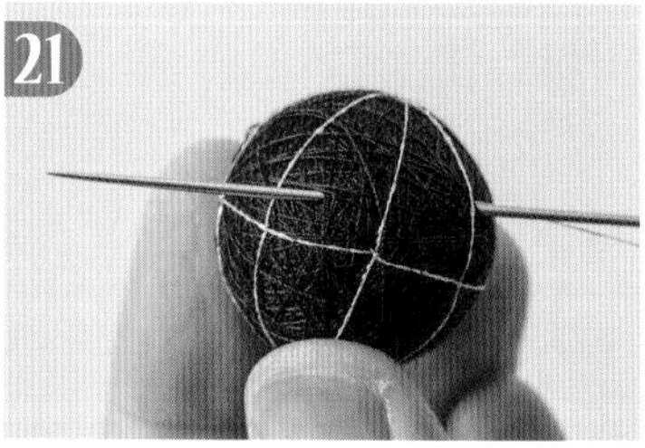

適当な位置で返し針をし、糸を切ってかがり終える(→P.50 1～3)。

完成!

8等分
組み合わせ
地割り

材料

◯地割り糸　◯土台まり(8等分)

印をつける

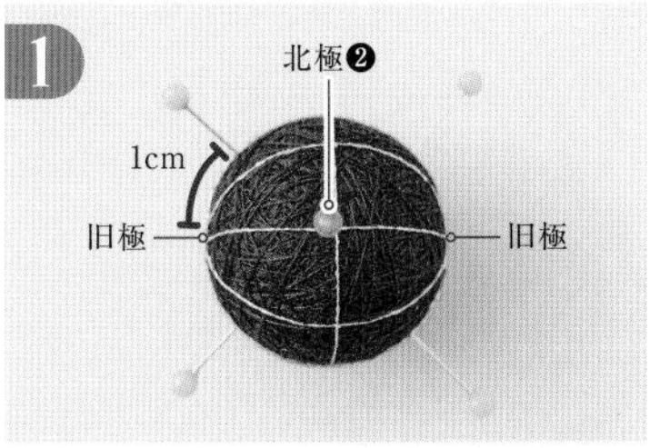

赤道と柱の交点のひとつに北極❷のまち針(透明の緑)を打つ。北極❷の反対側に、南極❷のまち針を打ち、極❷の赤道に当たる線上の、旧極から1cmの位置に柱のまち針(黄緑)を4本打つ。

北極❷から柱をつくる

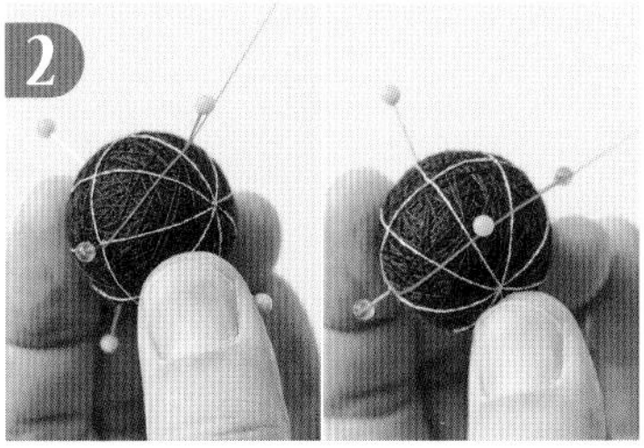

北極❷から針を出し、黄緑のまち針のひとつへ糸を渡す。

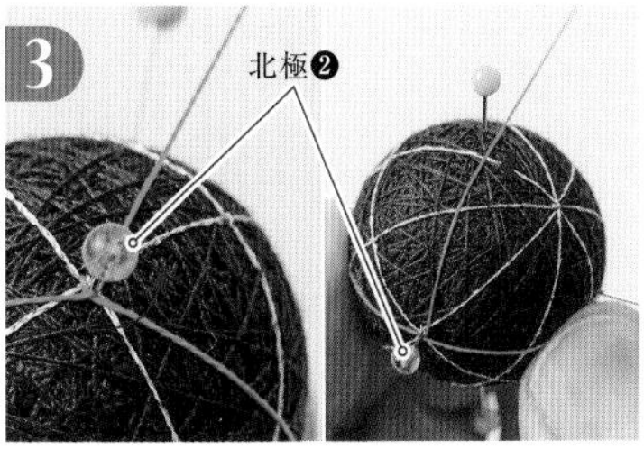

そのまま南極❷と反対側の黄緑のまち針を通って北極❷まで戻ったら、北極❷のまち針に糸を引っ掛ける。引っ掛けた向きのまま糸を進め、糸を渡していない黄緑のまち針まで渡す。

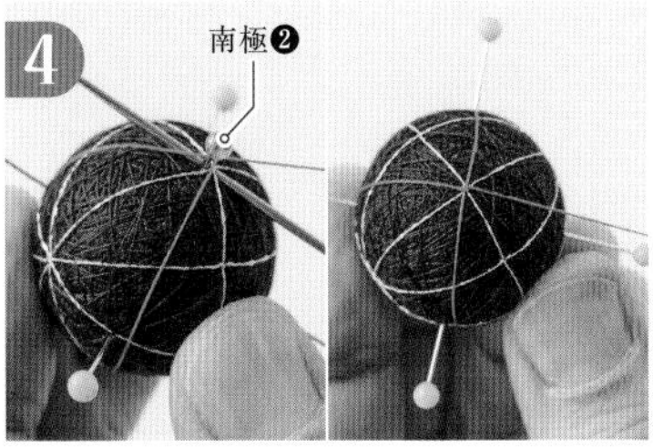

南極❷の交差部分を土台ごとすくってかがり留める。

柱をかがり留める

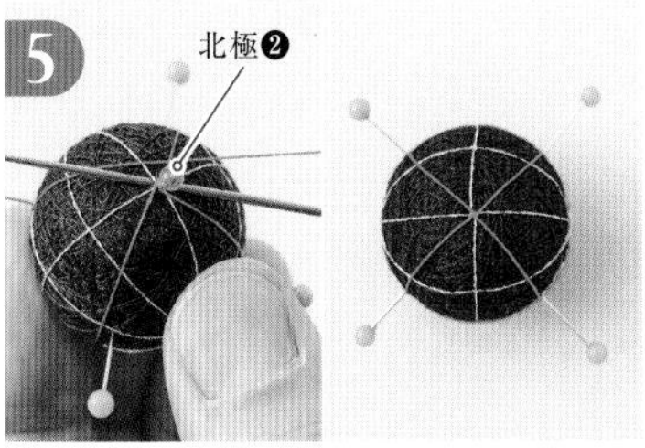

まだ糸を渡していない黄緑のまち針を通り半周して北極❷まで戻ったら、交差部分を根元で土台ごとすくって留める。ひとつめの組み合わせ地割りが完成(緑の糸)。

新たに印をつける

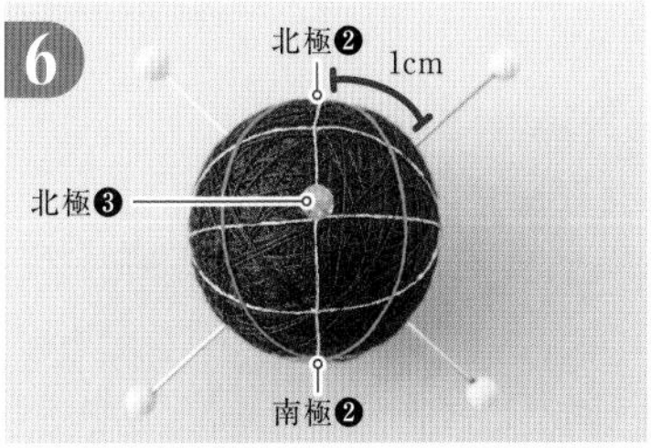

北極❷と南極❷の中心に北極❸のまち針(透明のピンク)を打つ。反対側にも南極❸のまち針を打ち、北極❷・南極❷から1cmの位置に、柱のまち針(白)を4本打つ。

北極❸から柱をつくる

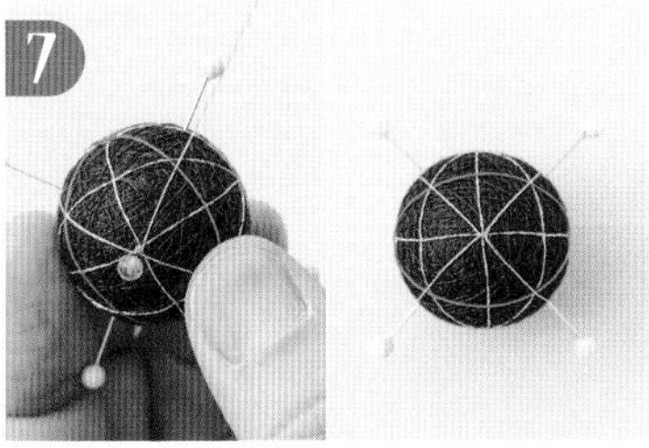

2～5の要領で、ふたつめの組み合わせ地割りをかがる(ピンクの糸)。

完成!

10等分
組み合わせ
地割り用メジャー

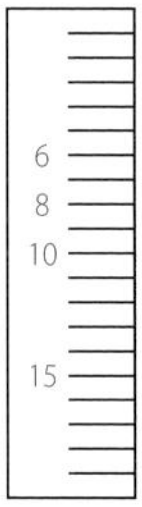

●メジャーの目盛りは
てまりの円周
●(円周 ×1/6)＋
(円周 ×1/100)
で算出可能

10等分組み合わせ地割り

三角形、菱形、五角形の面が組み合わさっている地割り。
本書では P.82 母子草、P.84 傍食、P.88 胡瓜草などで使用しました。
左の「10 等分組み合わせ地割り用メジャー」をコピーして使います。
印用にまち針を5色用意すると便利です。

材料 ◯地割り糸 ◯土台まり（10 等分）

印をつける

赤道の地割り糸なしの10等分地割り（→P.49）を用意。写真のように、向かい合う柱に同じ色のまち針がくるよう、赤道の位置あたりに計10本打つ。

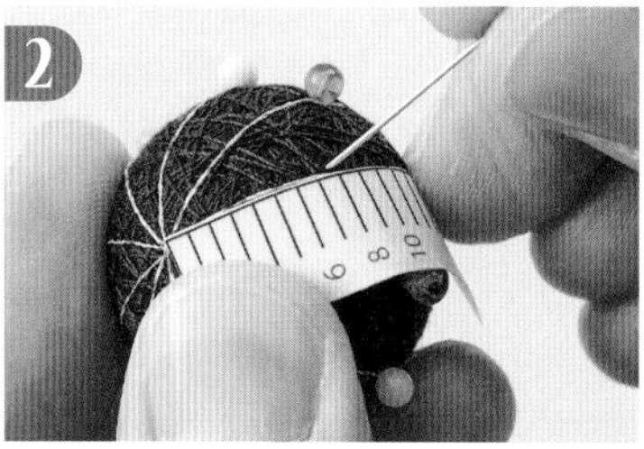

上の「10等分組み合わせ地割り用メジャー」をコピーし、北極から赤道に向かって当てる。円周が8cmの場合、目盛りの「8」の位置に赤道のまち針を移す。

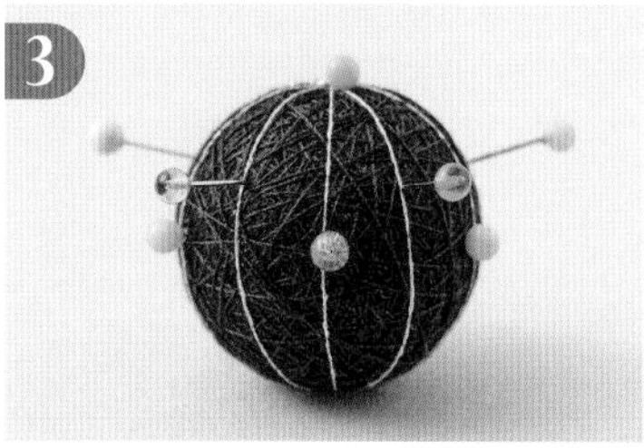

2と同じ要領で、柱1本おきにメジャーを当ててまち針を打ち直す。

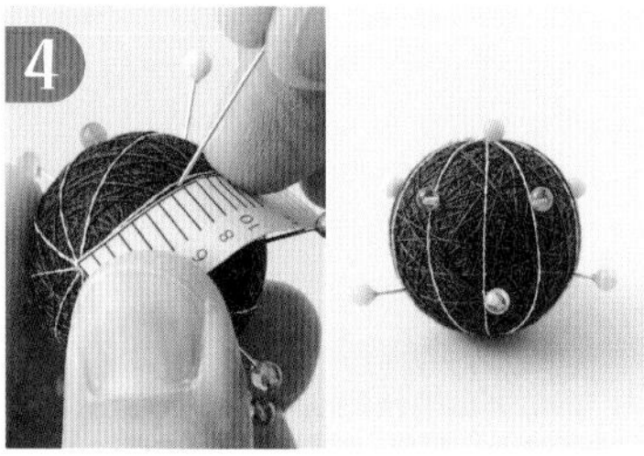

同じ要領で南極からもメジャーを当て、残りのまち針5本も打ち直す。

北極❷から柱をつくる

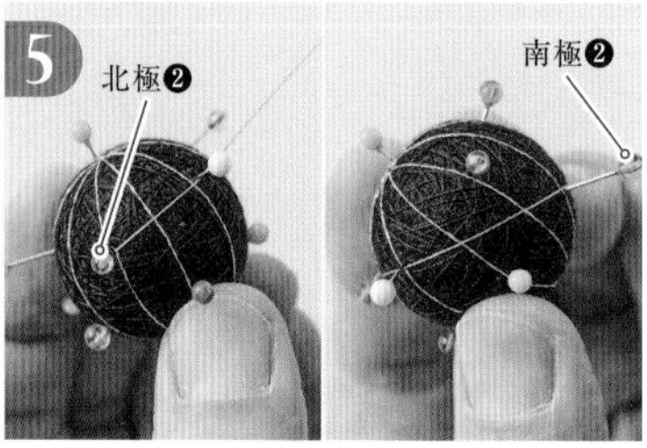

透明なピンクのまち針を北極❷・南極❷とし、北極❷から地割り糸を出す。北極❷→隣の白→南極❷と糸を渡す。

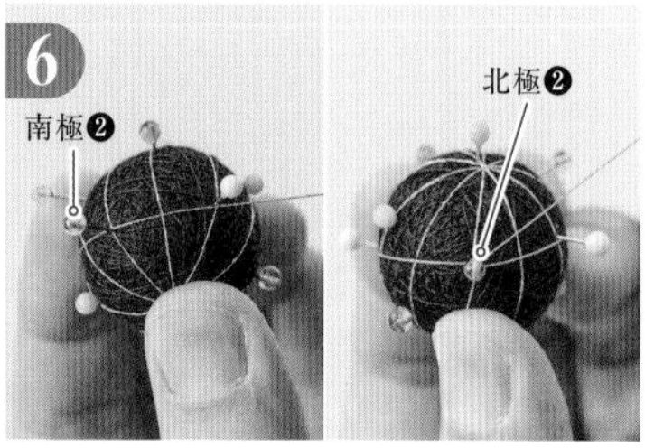

南極❷→反対側の白→北極❷と糸を渡して1周したら、北極❷に糸を引っ掛ける。

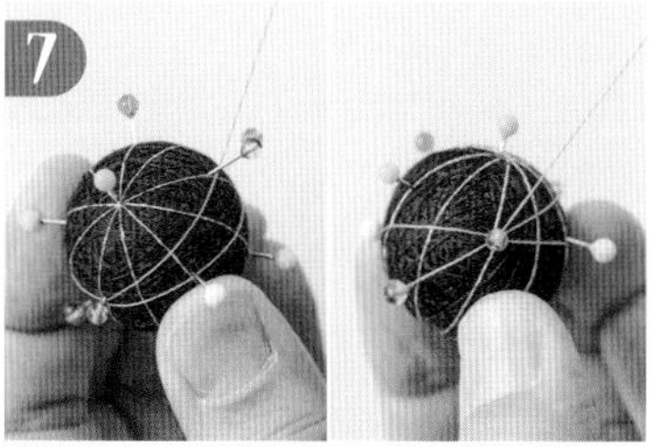

同じ要領で、今度は北極❷から白の隣の透明の青を通りながら1周させる。

同じ要領で、今度は透明の緑を通って1周、黄色を通って南極❷の交点で土台ごとすくって柱を留める。

黄色を通って1周して北極❷まで戻ったら、交点で土台ごとすくって柱を留める。計4本の柱が完成（ピンクの糸）。北極❷・南極❷のまち針をはずす。

北極❸から柱をつくる

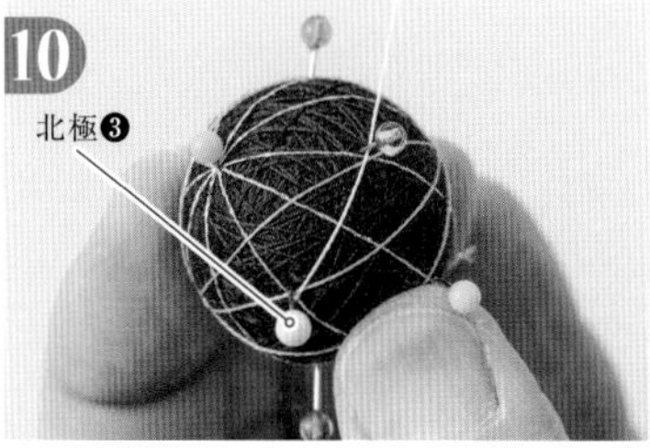

白のまち針を北極❸・南極❸とし、北極❸から糸を出して透明の青のまち針へと糸を渡す。

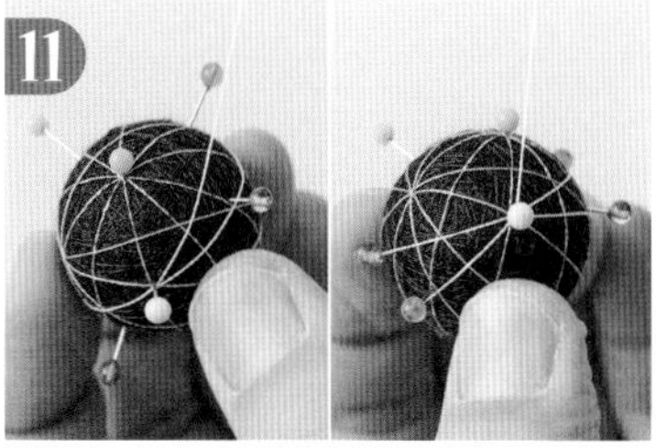

透明の青→南極❸→反対側の透明の青→北極❸と1周したら糸を北極❸に引っ掛けて、透明青の隣の緑のまち針へと糸を進める。

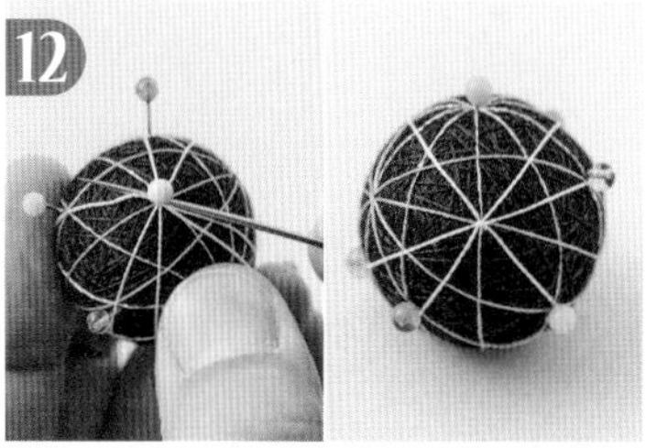

同じ要領で緑を通って1周、黄色を通り南極❸の交点で土台ごとすくって柱をかがり留め、さらにもう1本の黄色→北極❸へと進め柱を留める。柱を留める（白い糸）。北極❸・南極❸のまち針をはずす。

北極❹から柱をつくる

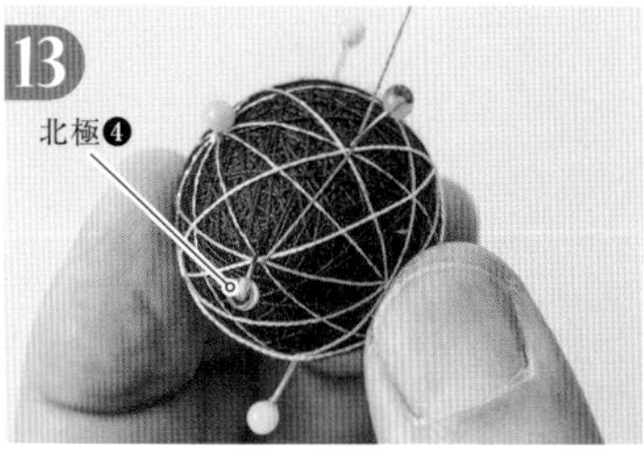

今度は透明の青を北極❹・南極❹とし、同じ要領で緑を通って1周させる。

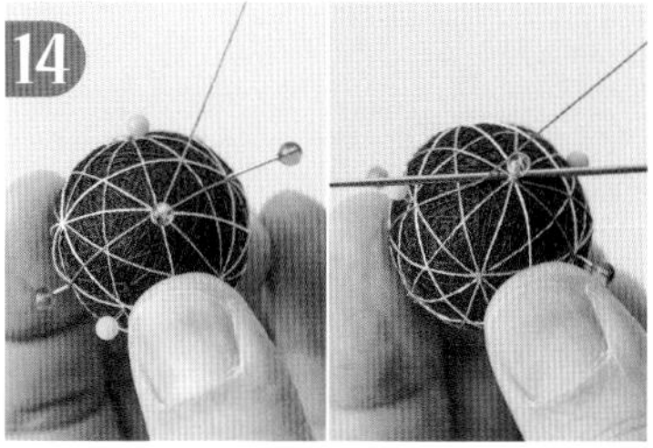

緑を通って1周したら北極❹に糸を引っ掛け、12と同じ要領で黄色→南極❹でかがり留める→もう1本の黄色→北極❹で留める（青の糸）。北極❹・南極❹のまち針をはずす。

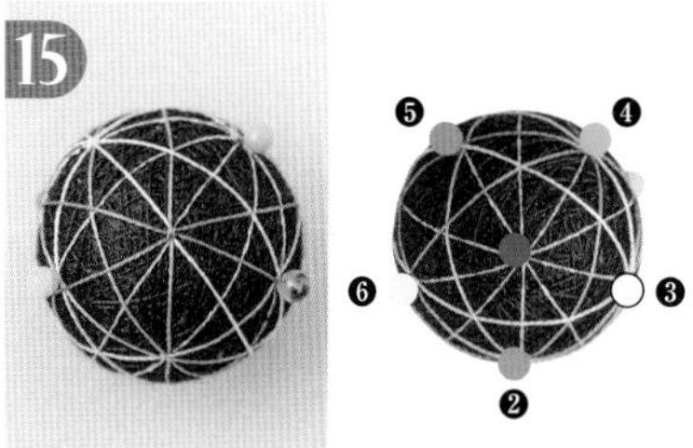

第4柱までできた状態。第2柱は4周、第3柱は3周、第4柱は2周と、1周ずつ柱は減っている。

北極❺から柱をつくる

完成!

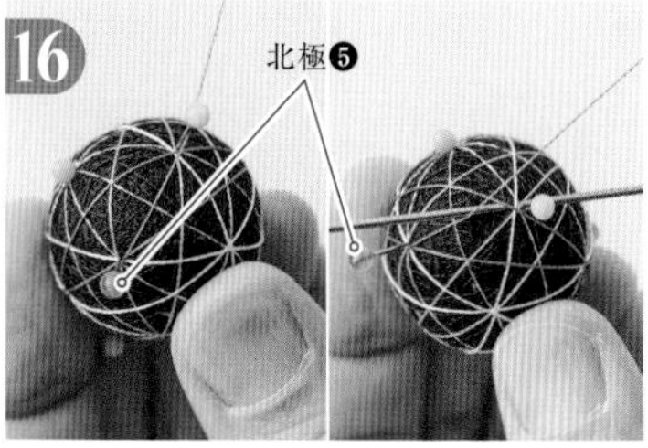

緑のまち針を北極❺・南極❺とし、北極❺から糸を出す。黄色のまち針へと糸を進めたら、土台ごとすくって柱をかがり留める。

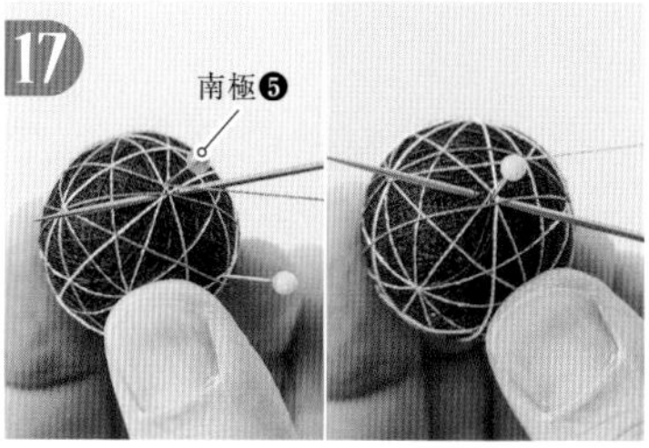

南極❺へと糸を進め、土台ごとすくって柱をかがり留める。

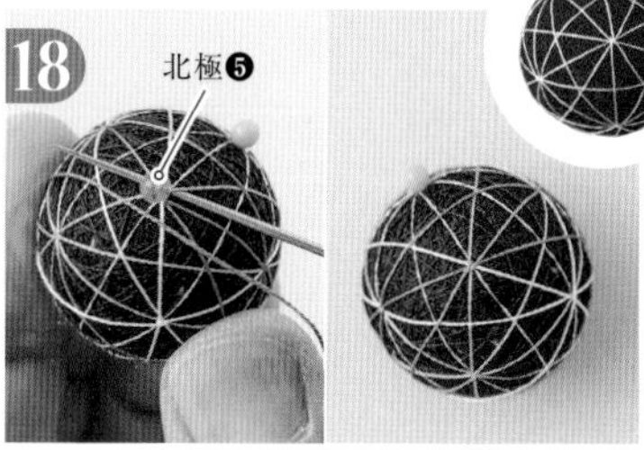

1周して北極❺まで戻ってきたら、柱の交点で土台ごとすくってかがり留める。北極❺・南極❺のまち針をはずす。

10等分地割りの変形

材料

◯地割り糸　◯土台まり

目印をつける

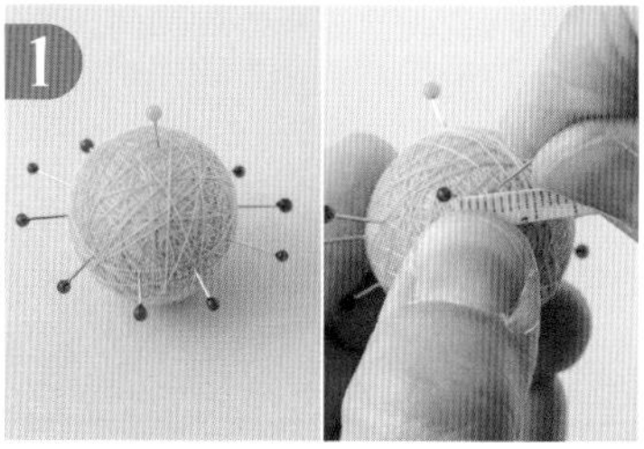

10等分地割りの位置にまち針を打ち、赤道に打ったまち針を1本おきに5mmずつ左に位置をずらす。

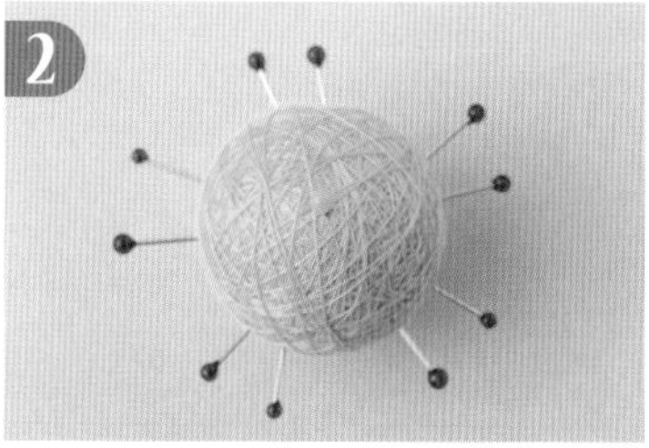

5本ずらすと写真のようになる。

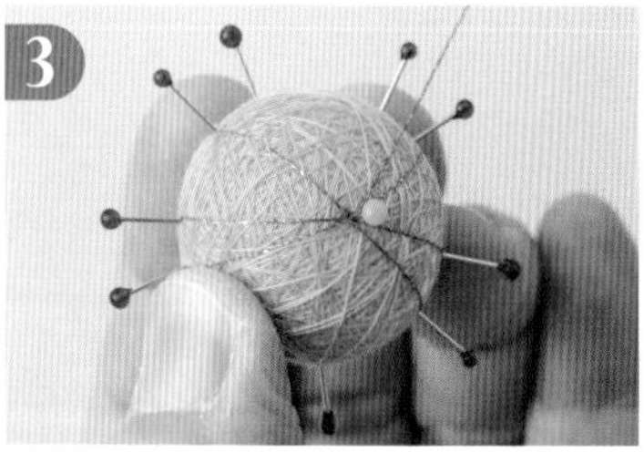

8等分地割り（→P.43 **6**〜**9**）と同じ要領で柱をつくる。

P.43 **10**〜**14**の要領で柱をかがり留め、P.44と同じ要領で赤道をつくって完成。

完成!

7等分
地割り

材料

◯地割り糸　◯土台まり

1 P.42の要領で北極と南極の位置を決め、赤道の位置に7ヵ所(円周を7等分)まち針を打つ。北極から糸を出し、赤道のまち針のひとつに糸を渡して南極を通って1周させる。

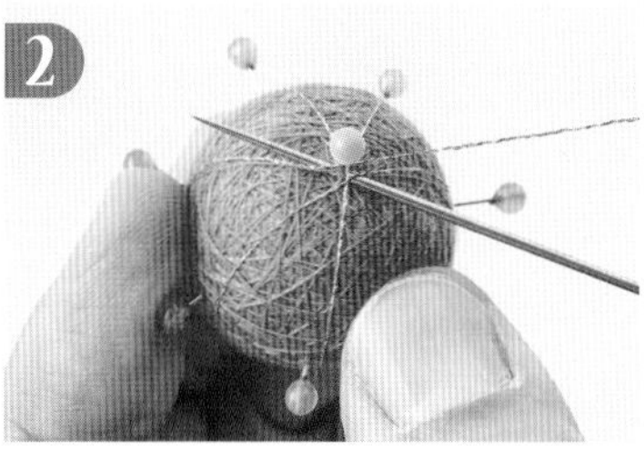

2 左隣のまち針へと移しながら同じ要領で糸を3周させたら、北極の交差点で土台ごとすくって留める。

3 残りのまち針に糸を渡して南極まできたら、南極の交点で土台ごとすくってかがり留める。

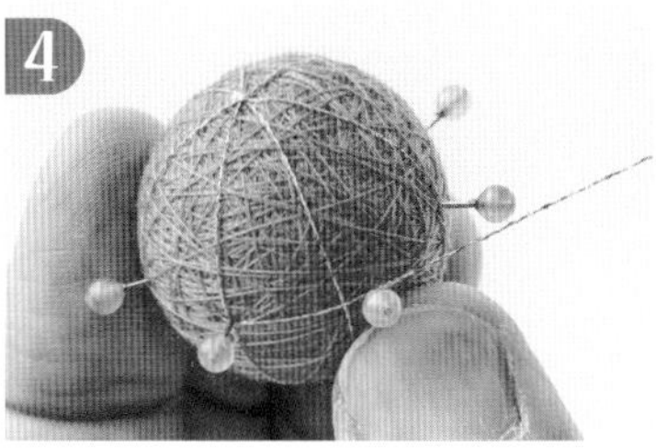

4 P.44と同じ要領で赤道をつくる。

完成!

そのほかの地割りバリエーション

6等分地割り

P.42 **1**〜**3**の要領で赤道まで決めたら、赤道の1/6ごとにまち針を打ち、柱と赤道をつくっていく。

10等分地割り

P.42 **1**〜**3**の要領で赤道まで決めたら、赤道の1/10ごとにまち針を打ち、柱と赤道をつくっていく。

12等分地割り

P.42 **1**〜**3**の要領で赤道まで決めたら、赤道の1/12ごとにまち針を打ち、柱と赤道をつくっていく。

16等分地割り

P.42 **1**〜**3**の要領で赤道まで決めたら、赤道の1/16ごとにまち針を打ち、柱と赤道をつくっていく。

20等分地割り

P.42 **1**〜**3**の要領で赤道まで決めたら、赤道の1/20ごとにまち針を打ち、柱と赤道をつくっていく。

モチーフをかがる

てまりの模様を
かたちづくる基本の
かがり方を紹介します。

かがりはじめ

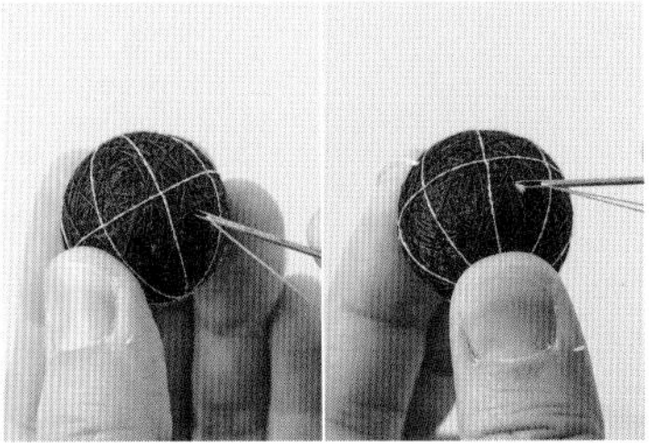

かがり糸は2本どりが基本。100cmほどに切った糸を針に通し玉結びする。針穴側で穴をつくり、針を入れてスタート位置に針を出す。

Point 針穴側を使い、玉結びをてまりのなかに押し込む。

糸の重なりをそろえる

1周かがってスタート位置に戻ったら、必ずはじめの糸の下を針穴のほうからくぐらせて、モチーフの糸の重なりがすべて右が上になるようそろえる。

かがり終わり（返し針）

かがり終わりの位置に入れた針を少し離れた適当な位置から出す。

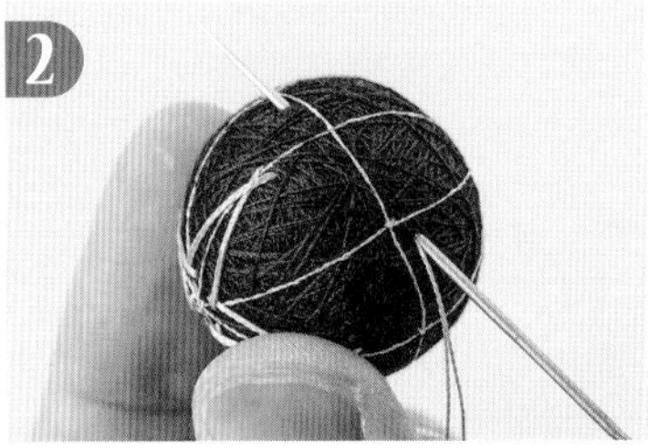

糸を引き出したら、出した位置に再度針を入れ、**1**で針を入れた方向に針を出す。3～4回針を土台にくぐらせ、なかのわたに糸をからませる。これが返し針となる。

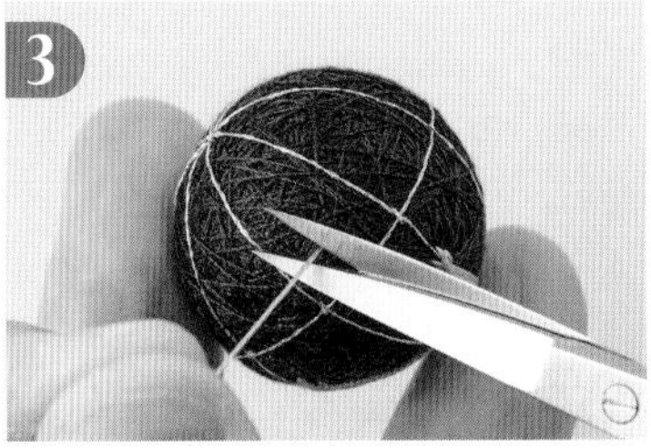

糸を引っ張り土台ぎりぎりで糸を切る。その際、土台の糸を切らないよう注意。かがり糸が足りなくなったり、色替えしたりする場合も同様の処理を行なう。

糸を整える

糸を引っ張りすぎたり、ねじれたりするとモチーフが崩れるので、1段終わるごとに「ノ」の字になるよう針穴のほうを使ってかたちを整える。

針使いのコツ

針を刺したら糸がねじれたり、重なったりしていないか確認し、かがり位置と糸を親指で押さえながら、針と糸をていねいに引く。

糸がからまったら

糸にくせがついていてからまってしまった場合は、強引に引っ張らず、糸をゆるめて整えてから引く。

かがりかた❶

千鳥かがり・上掛け千鳥かがり

いちばん基本のかがりかた。
P.56 風車をはじめ、本書で紹介した作品にも多く使われています。

千鳥かがり

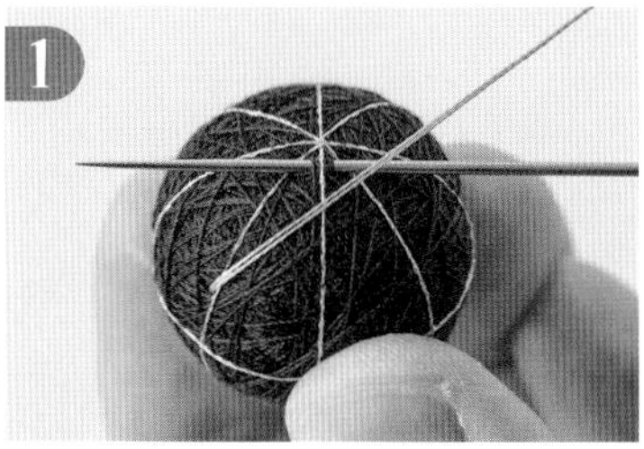

柱の左から針を出し、右隣の柱の、極側の際を右から左にすくうようにかがる。糸を渡す際は、糸をまりの形に沿わせるイメージで。

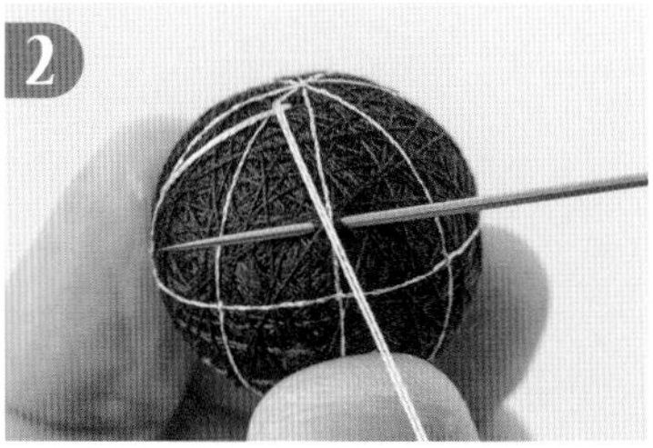

右隣の赤道側の柱の際を、右から左にすくうようにかがっていく。

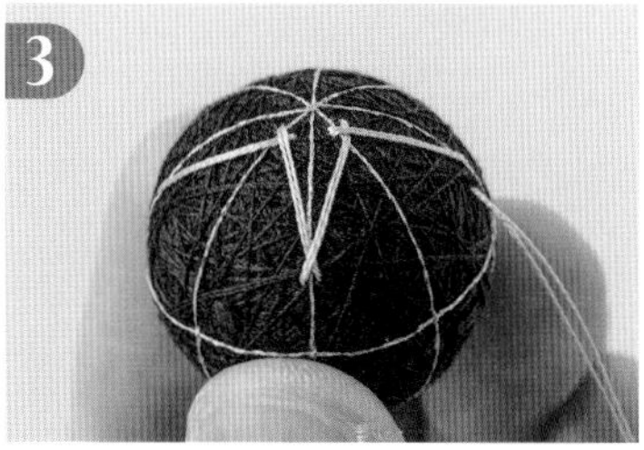

1〜2を繰り返す。モチーフは必ず右方向にかがっていき、柱を右から左にすくうようにかがる。これが千鳥かがり。

上掛け千鳥かがり

スタート位置に戻ったら、始めの糸の下を針穴のほうからくぐらせる。これが1段めとなる。

2段めは1段めに沿わすように糸を渡していく。極側の柱をかがる際は、糸の幅分程度、末広がりに前の段の下をすくう。

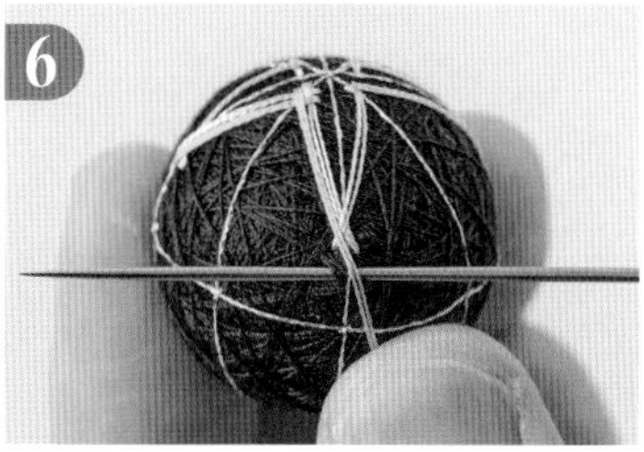

赤道側をかがる際は、2段め以降は糸の幅分下をかがる。かがる幅の広さは変えない。

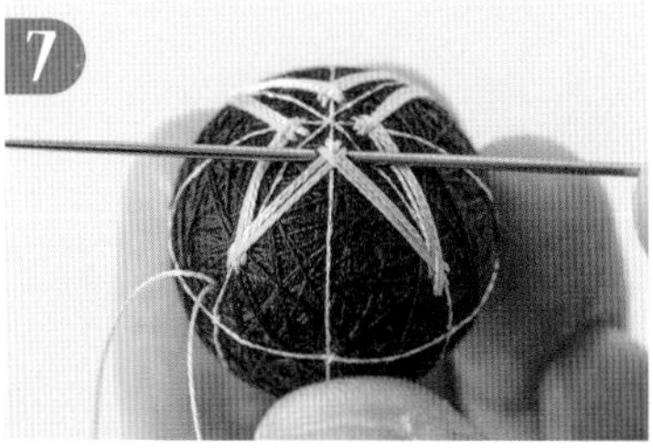

以降も同様にかがっていく。極側をかがる際は、すくう幅をだんだん広くする。

針を斜めに入れない！

モチーフが崩れるので、極側の柱をすくう際は、針をまっすぐに入れること。

Point

間違えた位置に針をさしてしまったら

糸を引っ張って針とてまりを近づける。針穴のほうから入れ、回しながらそっと抜けばOK。

かがりかた❷

下掛け千鳥かがり

前の段をめくり、糸の下をすくってすぐ下の柱をかがるので、
糸が重ならず平面的になります。

1

1段めは上掛け千鳥かがり（→P.51）と同じ要領でかがる。糸は上掛け千鳥かがりよりもきつめに、直線的に渡すのがコツ。

2

2段めの極側の柱をかがる際に、1段めの糸をめくって、前段のすぐ下の位置をすくう。

3

3段め以降も2段めと同様に、前の段の糸のすぐ下をかがっていく。めくった糸が乱れたら、その都度糸を整えながらかがり進める。

前の段から隙間をあけない

前の段をめくってかがることで、隙間が生まれない。模様として均等に隙間をつくる以外は、めくるようにすること。

Point

残りの糸が短くて返し針ができないときは

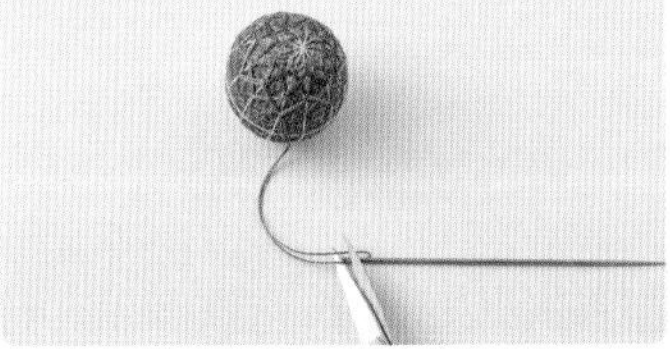

針穴の際で糸を切る。再度糸を針穴に通したら、土台の適当な位置に針をさして糸を土台に入れ込む。糸端は土台ぎりぎりで切る。

かがりかた③ 松葉かがり

極やモチーフの間など、あいたスペースにかがります。
放射状の糸の本数で印象が変わります。

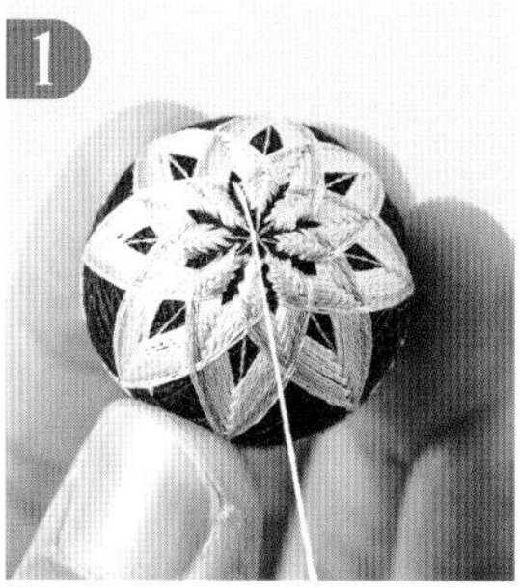

スタート位置から糸を出す。中心点を通って、対角線上に糸を渡す。

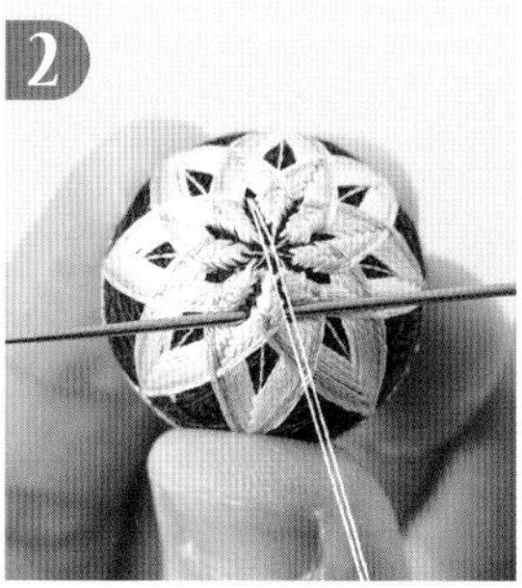

左隣から針を出す。これを繰り返して、右の図の順で放射状にかがる。

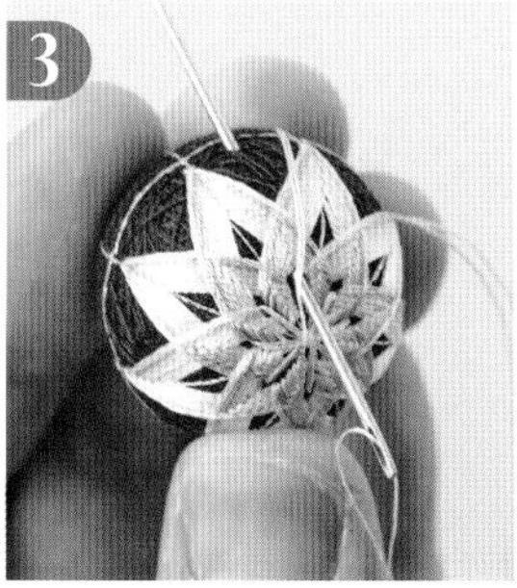

最後の松葉をかがるときに、中心を土台ごとすくって糸をまとめる。再び針を進行方向に向け、返し針（→ P.50）をしてさし終える。

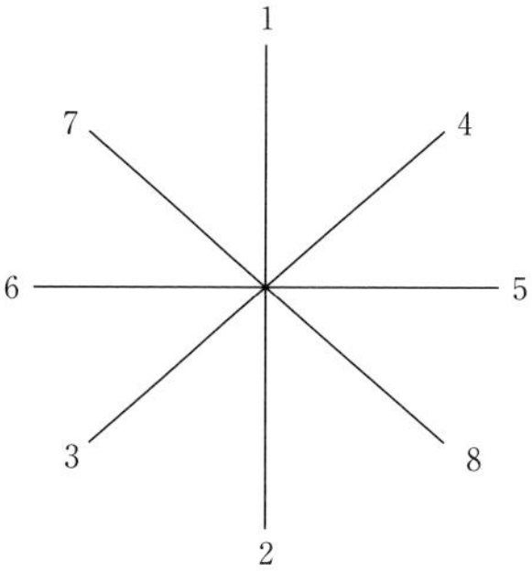

かがりかた④ フレンチノットステッチ

「ノット」は結ぶという意味で、小さな結び目をつくるステッチです。
本書では花のめしべなどを表現しています。

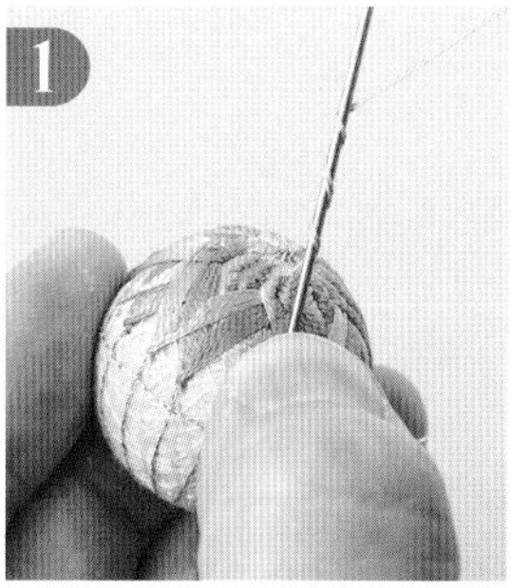

ステッチをする位置に2本どりにした糸を出し、針に3回ほど巻きつける。

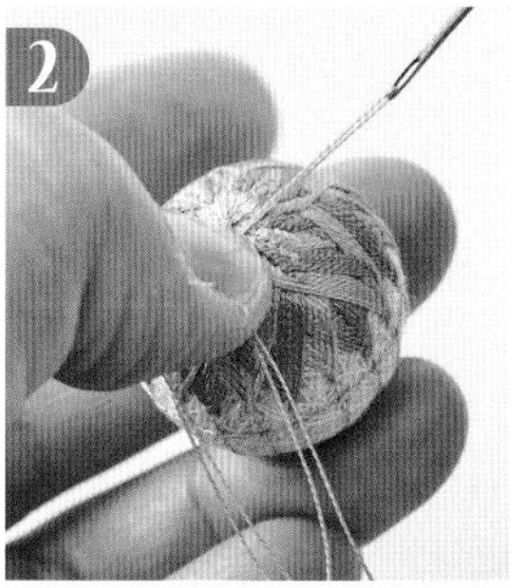

巻きつけた糸を玉留めの要領で土台に押しつけて針を抜く。

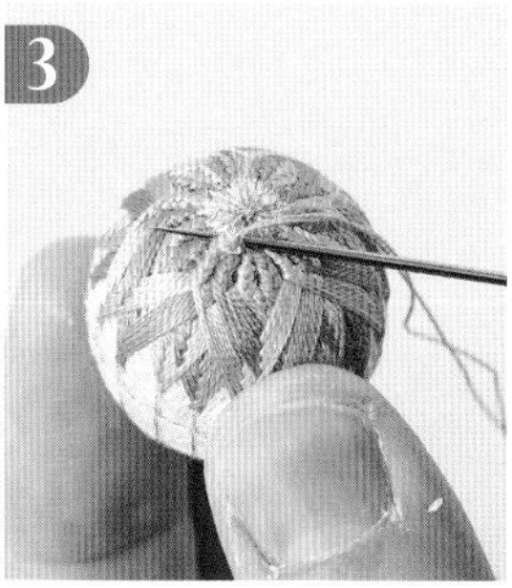

2でステッチした根元に針をさし、次にステッチしたいところまで針を通す。

1～**2**の要領でフレンチノットステッチをさしていく。

かがりかた5　帯をかがる

赤道に沿って巻いていくのが帯です。
地割り線に沿って巻くと模様にもなります。

1

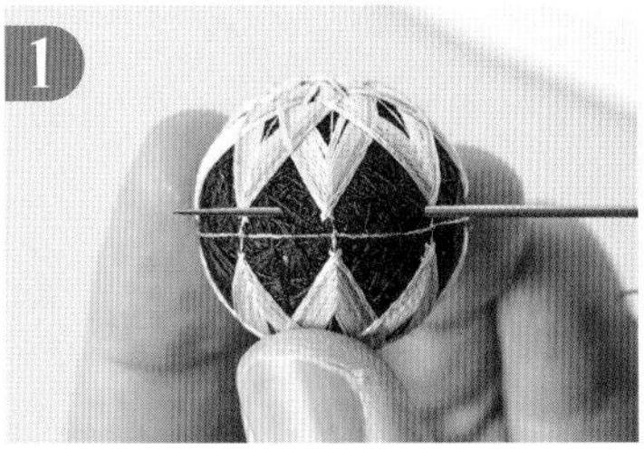

帯用の糸を1本どりで用意する。かがったモチーフのすぐ下に針を入れる。

2

赤道に沿って巻いていく。上下のモチーフの間を埋めるように赤道をはさんで同じ回数分巻く。

3

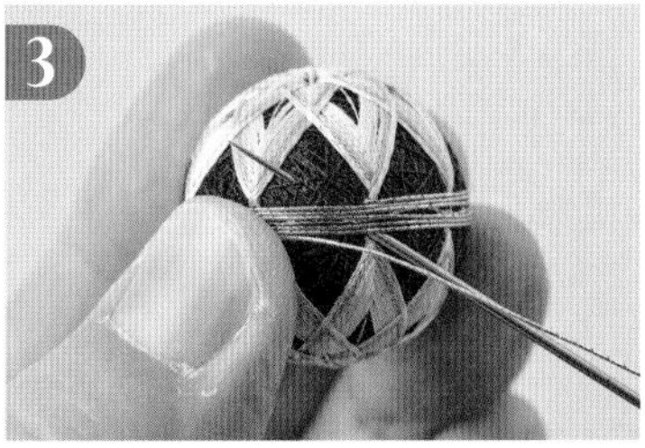

巻き終えたら、巻いた帯の下から針を入れ、適当な位置で返し針をする(→P.50)。

4

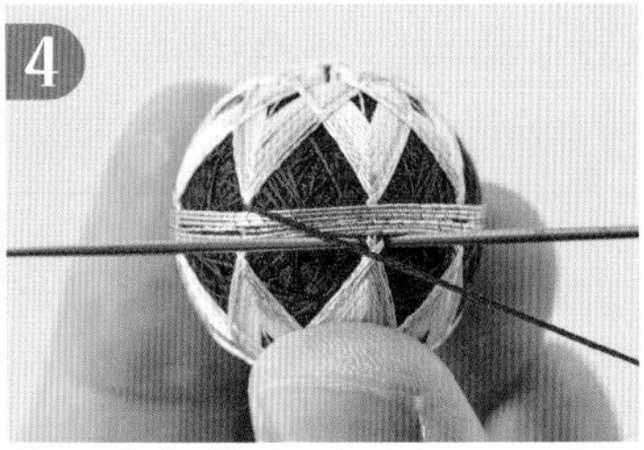

かがり糸を用意し、帯の上・柱の左側から糸を出す。柱の右から左にすくう千鳥かがり(→P.51)で、右隣の柱を帯の下でかがる。

5

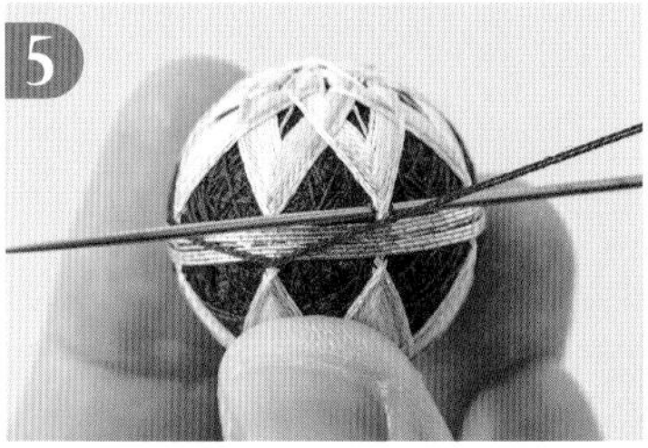

柱ごとに帯の上下をかがっていく。

6

1周かがってスタート位置に戻ったら、かがり始めの糸に針穴のほうからくぐらせる。

7

柱の右側から針を入れ、左隣の柱の左側から針を出す。

8

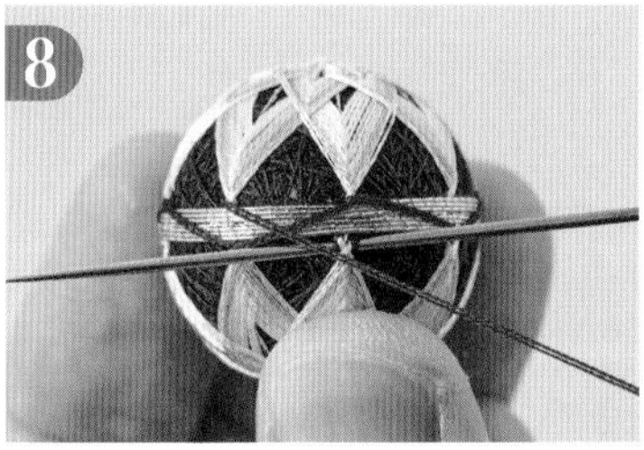

4～5と同じ要領で上下に1周かがり、スタート位置に戻ってきたら返し針(→P.50)をしてかがり終える。

Point

赤道がモチーフのじゃまをする場合は切る。

かがりかた❻ 傘かがり

地割りの糸を2本ずつくぐり、
巻きつけながらかがっていく技法です。

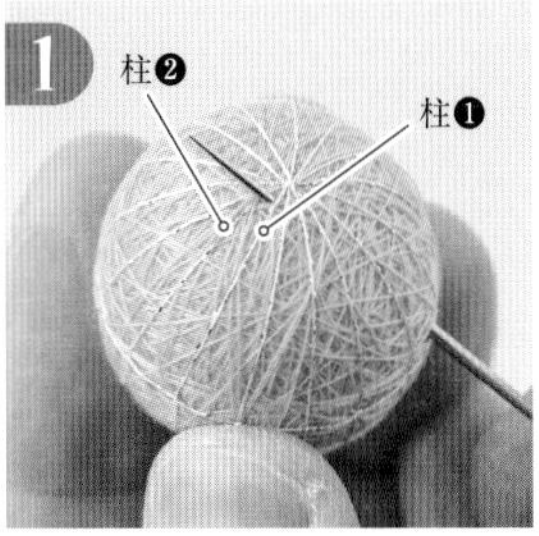

2本どりで適当な位置から針を入れ、北極の際・柱の左側から出す。糸を出した位置の右の柱を❶、左を❷とする。

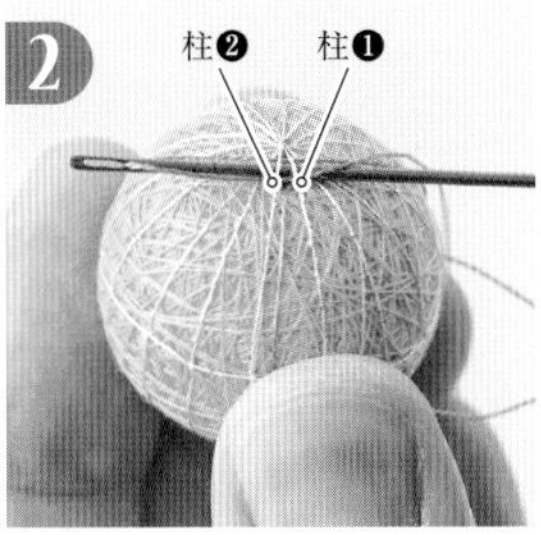

2本どりの糸をまりに沿わせて上下に分け、柱❶から柱❷へ向けて針穴のほうからくぐらせて針を抜くと、柱❶にかがり糸が巻きつく。

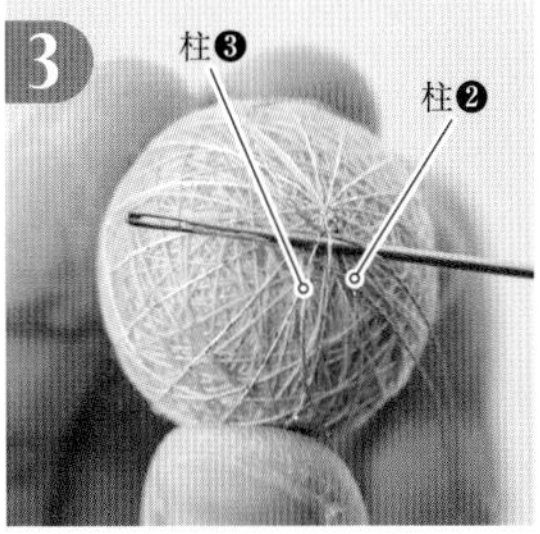

同様に糸を上下に分けて、今度は柱❷から柱❸へと針穴のほうからくぐらせてかがると柱❷にかがり糸が巻きつく。

同様にして1周かがったところ。

かがりかた❼ ざるかがり

ぐるぐると渦のように巻かれたような模様となるかがりかた。

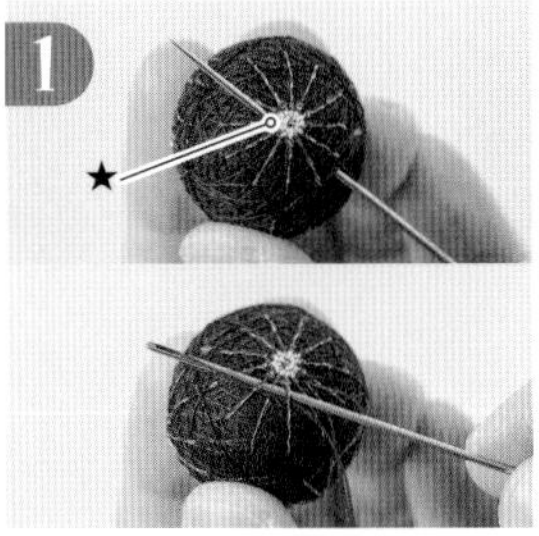

模様を始めたい位置（ここでは★）から針を出し、かがりたい糸を上下交互に針穴のほうからすくう。このとき、糸が絡まないよう気をつける。

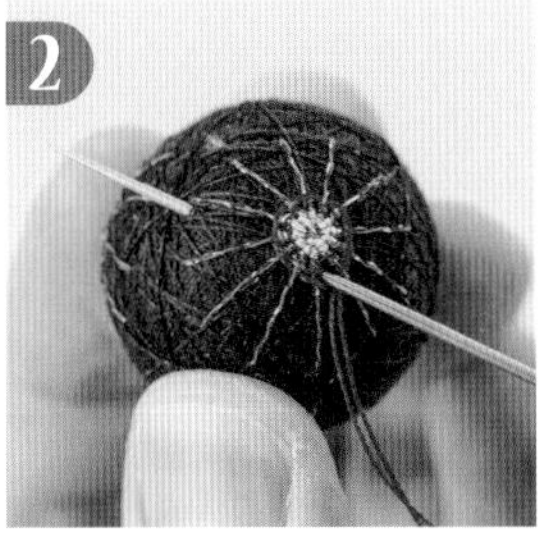

1周したら返し針（→P.50）で留める。

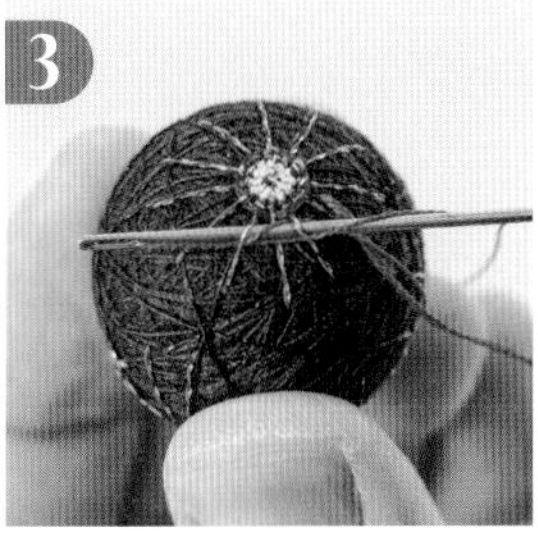

2段めは1段めですくわなかった糸をすくうので、スタート位置をひとつずらして、1本おきに針穴のほうからすくっていく。

1段めと2段めの糸の重なりが交互になっていればOK。

風車《カザグルマ》

完成 ―P.6

花のかたちがおもちゃの風車に似ていることから名づけられた風車。形を均等にして美しく広がる花びらを表現しましょう。あらゆるモチーフの基本のかがりかただから、初心者にもおすすめ。

土台まり

円周8cm

地巻き	…濃紺
地割り	…8等分（P.42）
地割り糸	…カントリーママ メタリックスレッド［801］

材料と配色

花	A 都羽根絹手ぬい糸［17］	1段め
	B 都羽根絹手ぬい糸［213］	2段め
	C 都羽根絹手ぬい糸［127］	3～4段め
	D 都羽根絹手ぬい糸［215］	5段め
	E エンゼルキング ラメステージパール［1265］	6段め
帯	F 金糸3掛※1本どり	赤道の上下に各3段
	G 都羽根絹手ぬい糸［164］	千鳥かがり2周
松葉	H エンゼルキング ラメステージ［1261］	片側4本

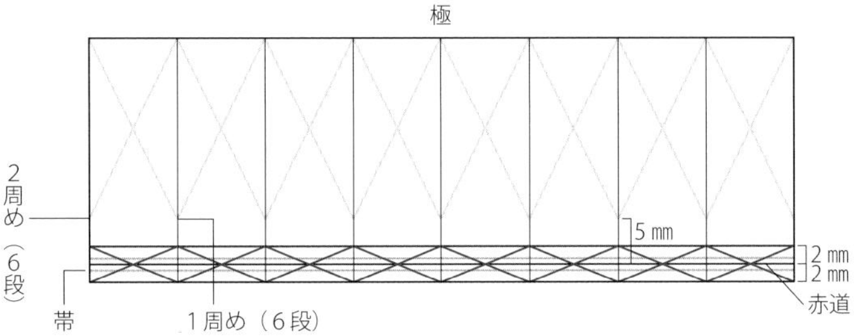

1周めの印をつける

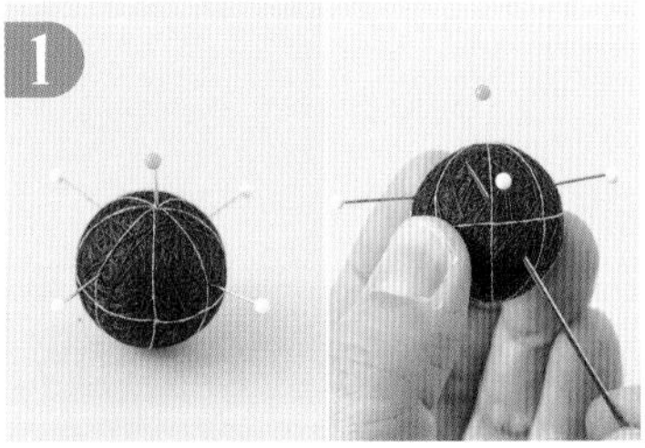

1

柱1本おき、赤道から5mmの位置にまち針を4本打つ。まち針のひとつをスタート位置にして、柱の左から糸Aを通した針を出す。

1周めの1段めをかがる

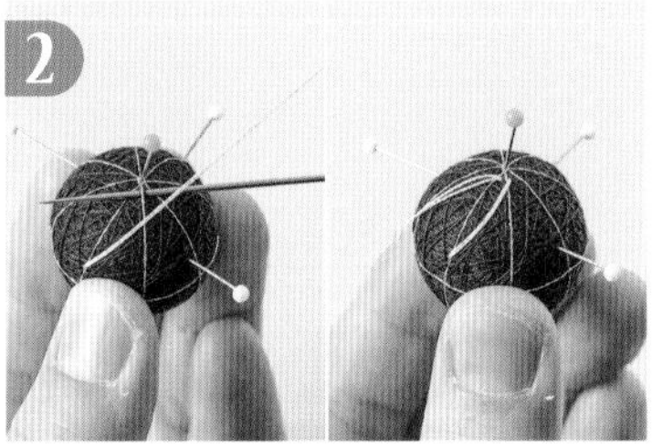

2

スタート位置から右隣の柱を、北極の際ギリギリの位置ですくう。このとき、あまり引っ張りすぎず、「ノ」の字になるようにすると仕上がりが美しくなる。

3

右隣にある、赤道側のまち針の位置（1でまち針を打った場所）ですくう。

2周めの1段めをかがる

2～3を繰り返して上掛け千鳥かがり(→P.51) で1周したら、糸の重なりをそろえるため、かがり始めの糸に針穴のほうから糸を通す。

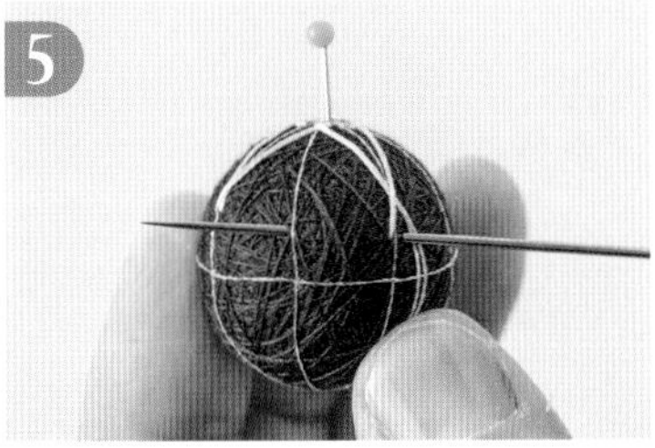

柱の右から針を入れる。1周めのスタート位置の左隣の柱、赤道から5mmの位置で針を出す。

2～4と同じ要領で2周めをかがる。

2段め以降をかがる

2周めをかがり終えたら、返し針(→P.50) をして糸を切る。P.50の要領でモチーフを整える。

糸Bを用意し、糸Aのスタート位置の糸の幅分、下から糸Bを出す。2～3の要領で1周する。このとき、1段めの糸Aに重ならないよう注意。

3～7の要領で2段めの1周め、2周めをかがる。かがり終わりは、同じ色の段の糸にのみくぐらせる。

左が2段め、右が6段めをかがり終えたところ。南極側も同様に6段かがる。

帯をかがる

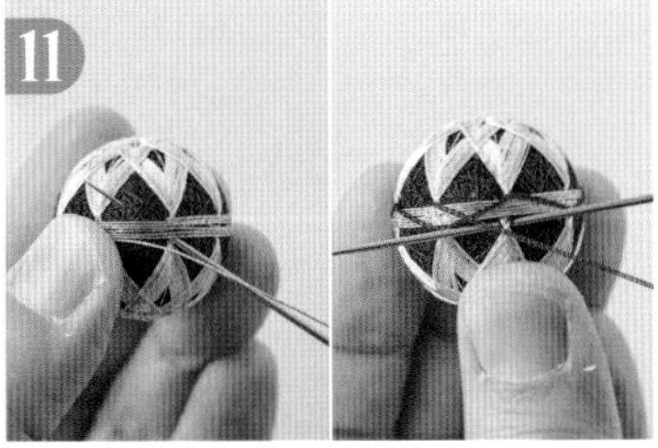

P.54の要領で帯をかがる。1本どりの糸Fで赤道の上下3段ずつ、計6段巻いて返し針(→P.50) をする。糸Gを用意し、柱の右から左にすくう千鳥かがり(→P.51) で2周かがる。

松葉かがりをする

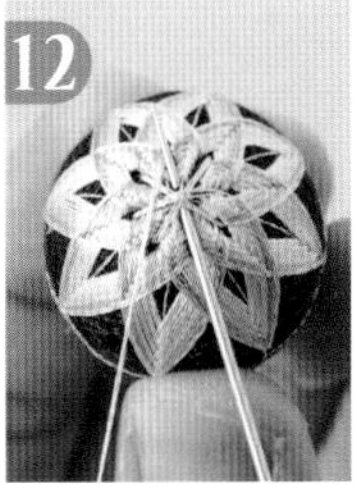

※番号の順に
糸を渡す

P.53の要領で糸Hで松葉かがりをして完成。

蒲公英《タンポポ》

完成 －P.8

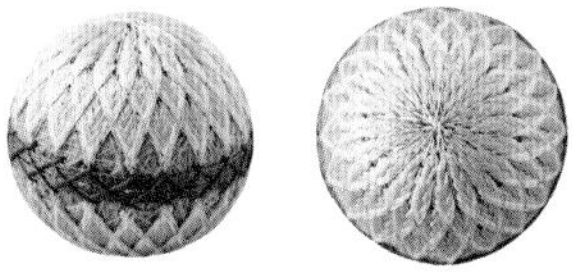

野に咲く花の代表である蒲公英。20等分の地割りで細かくかがっていくことで、たくさんの花びらに見立てました。繊細な花びらの重なりを上掛け千鳥かがりでかたちづくっていきます。

土台まり

円周8cm

地巻き	…黄緑
地割り	…20等分(P.49)
地割り糸	…カントリーママ メタリックスレッド［801］

材料と配色

花	A ニコニコ純絹糸［147］	1段め
	B ニコニコ純絹糸［81］	2段め
	C 都羽根絹手ぬい糸［16］	3段め
	D 都羽根絹手ぬい糸［176］	4段め
	E エンゼルキング ラメステージ［726］※1本どり	5段め
帯	F タイヤー絹穴糸［121］	赤道の上下に各3段
	G ニコニコ純絹糸［128］	千鳥かがり2周
花芯	H エンゼルキング ラメステージ［726］	松葉かがり片側10本

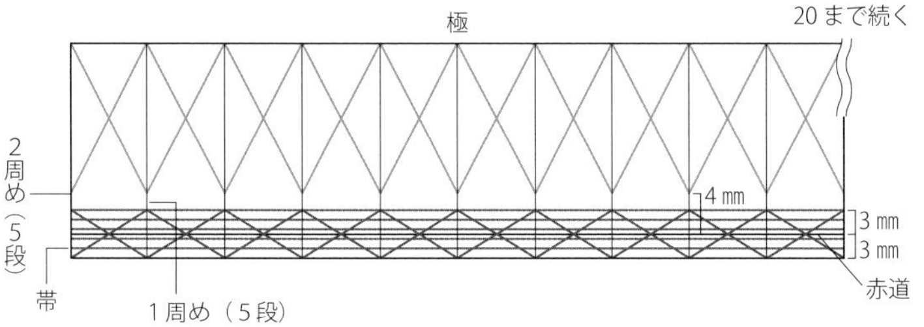

1周めをかがる

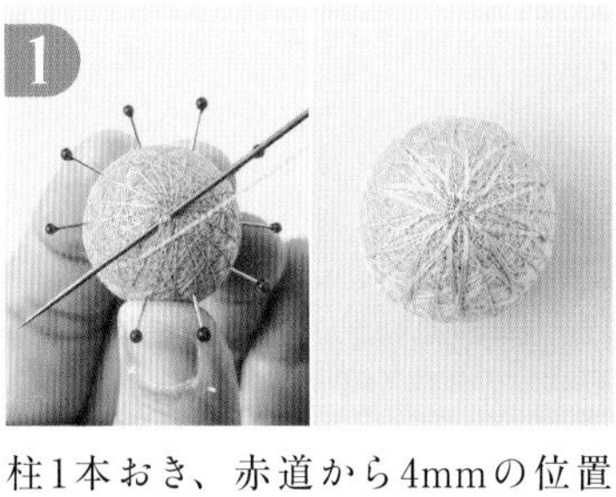

柱1本おき、赤道から4mmの位置にまち針を10本打つ。糸Aで上掛け千鳥かがり(→P.51) を1周する。

Point 分割が細かいので1段めは針を斜めに入れるとやりやすい。

2段めをかがる

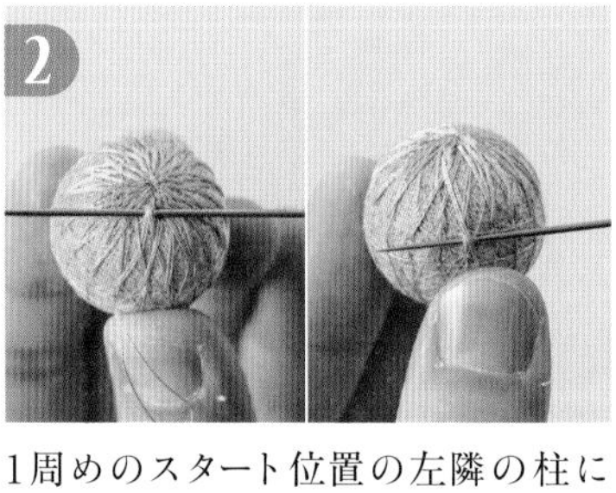

1周めのスタート位置の左隣の柱に針を入れ、赤道から4mmの位置へと進んで2周めをかがったら、糸Bで2段めをかがる。

5段めまでかがり、帯を巻く

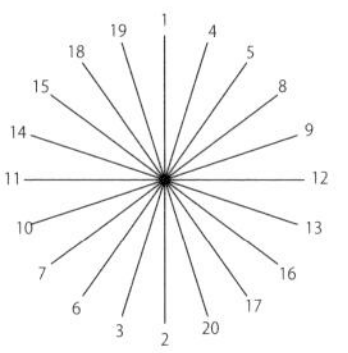

※番号順に糸を渡す

5段めまでかがる。南極側も同様にし、P.54の要領で赤道の上下3段ずつ糸Fで帯を巻き、糸Gで千鳥かがりを2周かがる。糸Hで松葉かがり(→P.53) をする。

山桜《ヤマザクラ》

完成 ーP.9

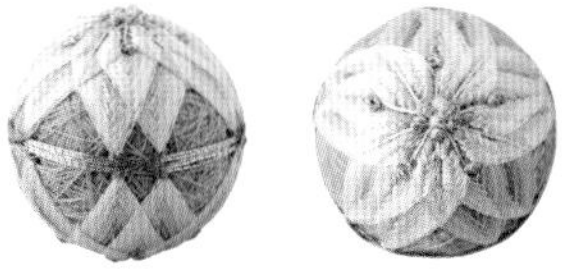

山に自生する山桜は、白や淡いピンクの花を咲かせます。10等分の変形の土台で、5枚の花びらを表現。7段かがって、白とピンクの繊細なグラデーションをかたちづくっていきます。

土台まり

円周8cm

地巻き …空色

地割り …10等分変形(P.48)

地割り糸 …エンゼルキング ラメックス［45］

材料と配色

花	A	都羽根絹手ぬい糸［161］	1段め
	B	ニコニコ純絹糸［158］	2～3段め
	C	都羽根絹手ぬい糸［2］	4～5段め
	D	都羽根絹手ぬい糸 生成	6段め
	E	エンゼルキング ラメックス［326］※1本どり	7段め
帯	F	金糸3掛	赤道の上下に各2段
	G	ニコニコ純絹糸［86］	千鳥かがり
花のあしらい	H	ニコニコ純絹糸［37］	めしべ
	I	ニコニコ純絹糸［51］	おしべ

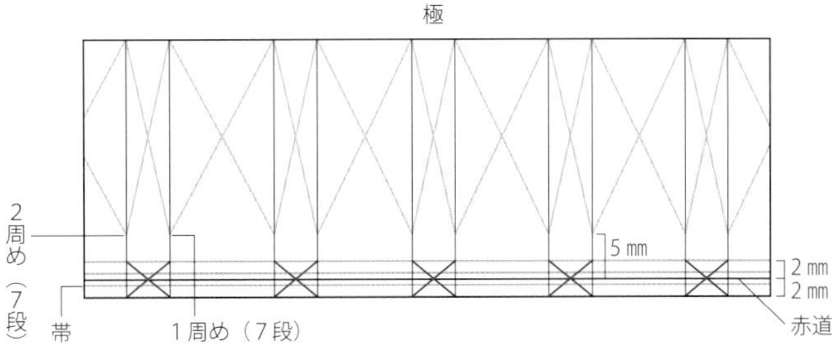

1周めをかがる

柱1本おき、赤道から5mmの位置にまち針を5本打ち、糸Aで上掛け千鳥かがり(→P.51)を1周する。

2周め以降をかがる

1周めのスタート位置の左隣の柱から2周めをかがる。1～2を繰り返して7段めまでかがる(7段めのみ1本どり)。南極側も同様にする。

仕上げる

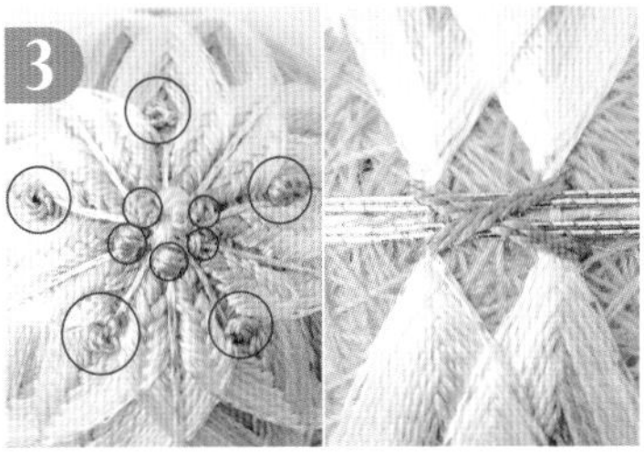

糸Hでめしべを中央に、赤丸の位置に糸Iでおしべをフレンチノットステッチ(→P.53)をする。糸Fで赤道の上下2段ずつ帯を巻き(→P.54)、糸Gで千鳥かがり(→P.51)をする。

ハナモモ

花桃《ハナモモ》

完成 ―P.10

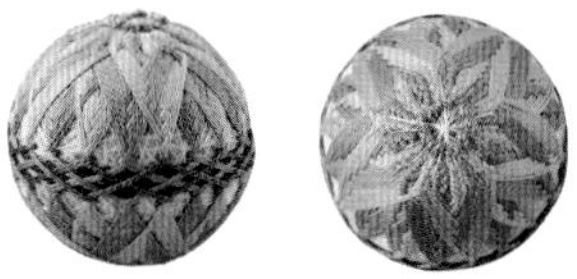

ひなまつりにも飾る、観賞樹として改良された品種の花桃。20等分の土台を細かくかがっていき、華やかに大きく開いた花びらを表現します。

土台まり

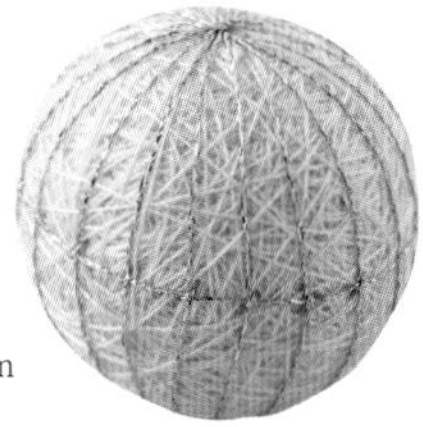

円周8cm

地巻き …みず色

地割り …20等分（P.49）

地割り糸 …カントリーママ メタリックスレッド［801］

材料と配色

	糸	用途
花	A ニコニコ純絹糸［86］	1周め、3周め
	B 都羽根絹手ぬい糸［161］	2周め、4周め
帯	C タイヤー絹穴糸［117］	赤道の上下に各3段
	D 都羽根絹手ぬい糸［119］	千鳥かがり各2週
	E 都羽根絹手ぬい糸［163］	
花のあしらい	F エンゼルキング ラメステージパール［1265］	松葉かがり片側10本
	G ニコニコ純絹糸［81］	フレンチノット片側10個

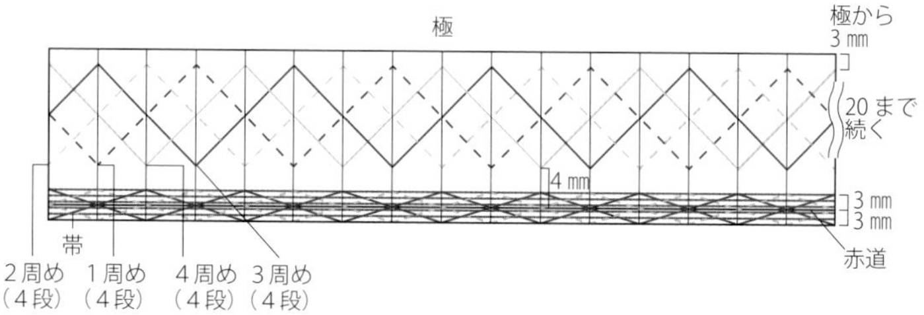

1周めをかがる

1

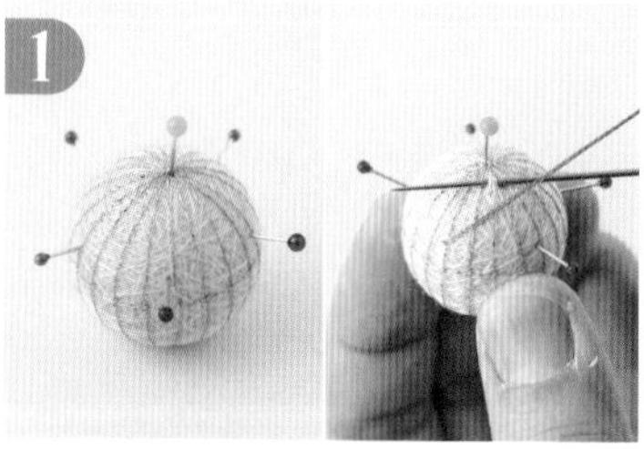

柱3本おき、赤道から4mmの位置にまち針を5本打つ。糸Aを用意し、まち針のひとつをスタート位置にして、柱の左から針を出し2本右隣の柱を極の3mmですくう。

2

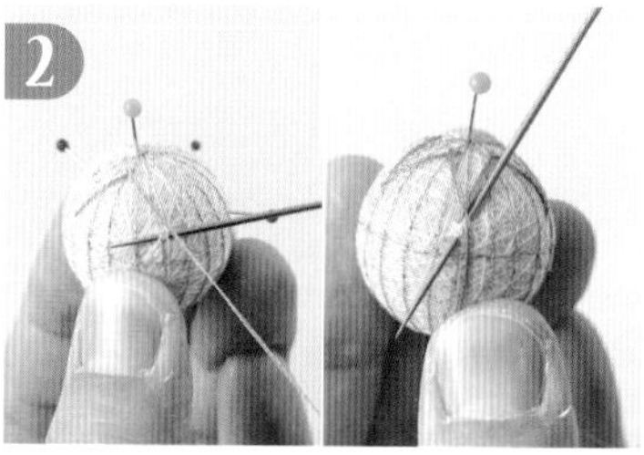

右隣の赤道側のまち針の位置ですくう。1～2を繰り返し、最後にかがり始めの糸にくぐらせる（→P.50）。柱の左側、1段めの糸の幅分下に糸を出し、糸は切らずにそのままにしておく。

3

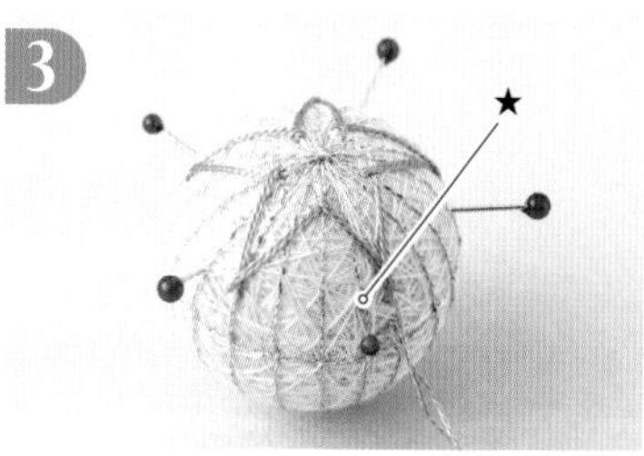

1のスタート位置の左隣を2周めのスタート位置（★）とし、そこから3本おきにまち針を5本打つ。

2周めをかがる

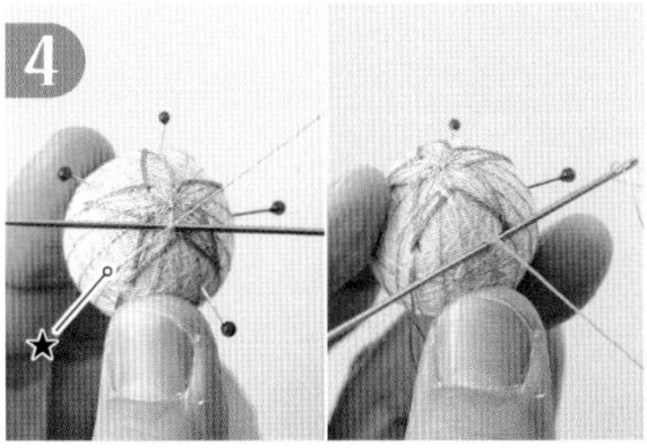

糸Bを用意し、★の位置の柱の左から1〜2の要領で2周めをかがる。

4段めまでかがる

1〜4を繰り返し、切らずにたらしておいた糸で4段めまで仕上げる。かがり終えたら返し針（→P.50）をして糸をカットする。

3周めをかがる

2周めのスタート位置の左隣の柱を3周めのスタート位置（★）とし、そこから3本おきにまち針を5本打つ。

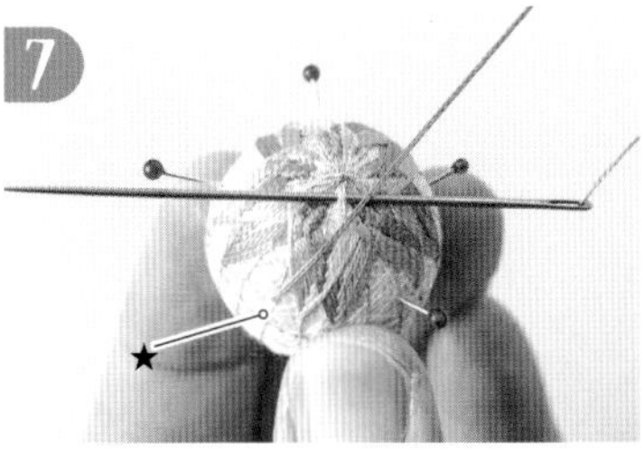

糸Aを用意し、★の位置の柱の左から針を出し、2本右隣の柱を極の際ですくう。

2〜3の要領で3周めをかがる。

4周めをかがる

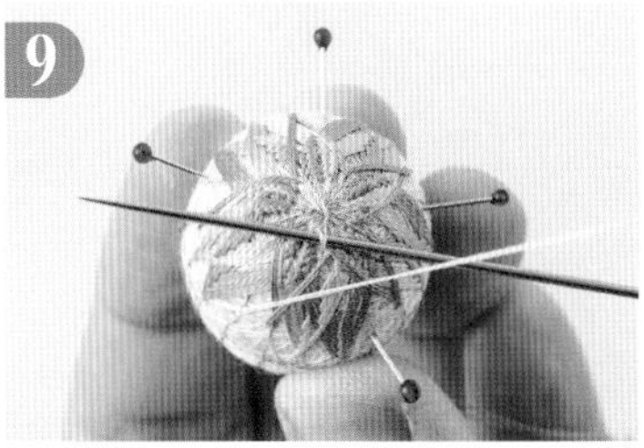

糸Bを用意して、1〜2の要領で4周めをかがる。

4段めまでかがる

1〜4を繰り返し、4段めまで仕上げる。かがり終えたら、返し針（→P.50）をして糸をカットする。南極側も同様にする。

花のあしらいをつくる

糸Fで松葉かがり（→P.53）を片側10本、糸Gで極のまわりにフレンチノットステッチ（→P.53）を10個する。

帯をかがる

糸Cで赤道上下に3段ずつ帯を巻き（→P.54）、糸Dで千鳥かがり（→P.51）を2周する。糸Eで糸Dとクロスになるよう千鳥かがりを2周する。

悪茄子《ワルナスビ》

完成 ―P.12

10等分の土台に下掛け千鳥かがりをしていくことで、星のような花のかたちをつくっていきます。帯を茎に見立てて、葉やトゲをステッチします。

土台まり

地巻き …空色

地割り …10等分(P.49)

地割り糸 …エンゼルキング ラメックス[326]

材料と配色

花	A シールス印絹手縫糸[144]	1～3段め
	B エンゼルキング ラメステージ[759]	4段め(1本どり)
	A シールス印絹手縫糸[144]	5段め
	C シールス印絹手縫糸[101]	6段め
	B エンゼルキング ラメステージ[759]	7段め(1本どり)
	C シールス印絹手縫糸[101]	8～9段め
	D エンゼルキング ラメステージ[795]	10段め

花のあしらい	D エンゼルキング ラメステージ[795]	花びらの刺しゅう
	B エンゼルキング ラメステージ[759]	筋の刺しゅう(1本どり)
	E シールス印絹手縫糸[134]	五角形の刺しゅう
	F シールス印絹手縫糸[115]	おしべ
帯	Gシールス印絹手縫糸[123]	千鳥かがり(茎)
	Gシールス印絹手縫糸[123]	レゼーデージーステッチ(葉)
	H シールス印絹手縫糸[122]	トゲ(1本どり)

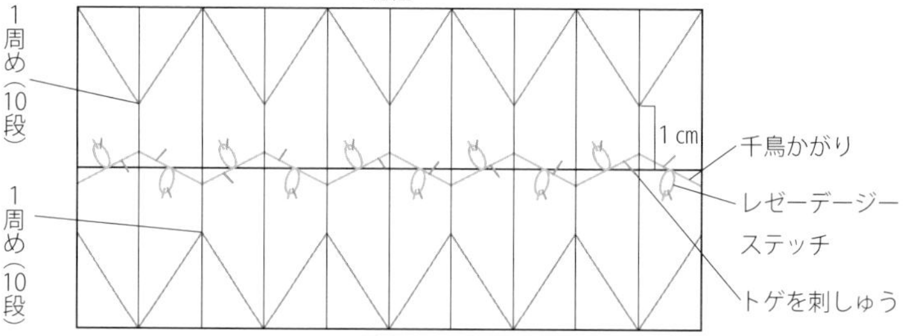

1～3段めまでかがる

赤道から1cmの位置、柱の左から糸Aを通した針をさして下掛け千鳥かがり(→P.52)で3段めまでかがる。

4段めをかがる

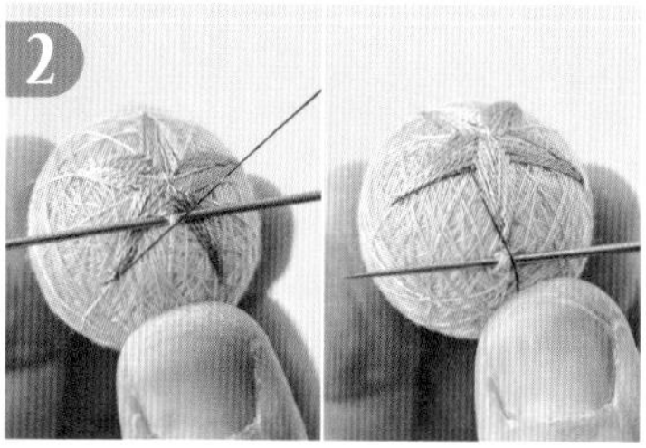

糸Bを1本どりで用意し、下掛け千鳥かがり(→P.52)で1周する。

10段めまでかがる

糸を替えながら、同じ要領で10段めまでかがる。

花のあしらいをつくる

4

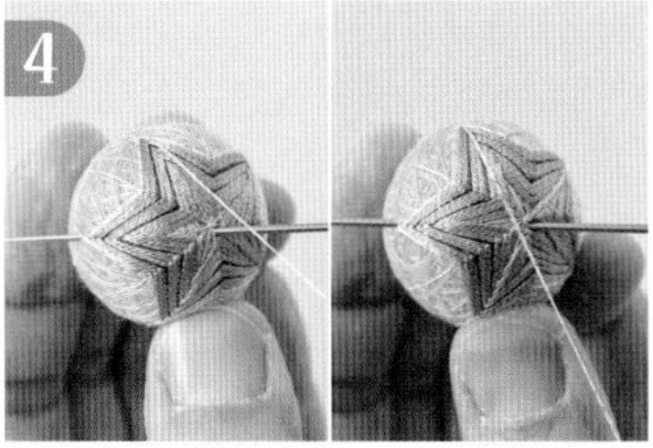

糸Dを用意し、花びらの先から針を出す。北極に針を入れ、3でかがった花の先に針を出し、花びらに刺しゅうをする。

5

4の要領で、5枚の花びらすべてに刺しゅうをする。

6

糸Bを1本どりにし、花びらの凹みの部分から針を出して3段めと4段めの間に針を入れる。筋を入れるように、刺しゅうを施していく。

7

同じ要領で5ヵ所刺しゅうする。

8

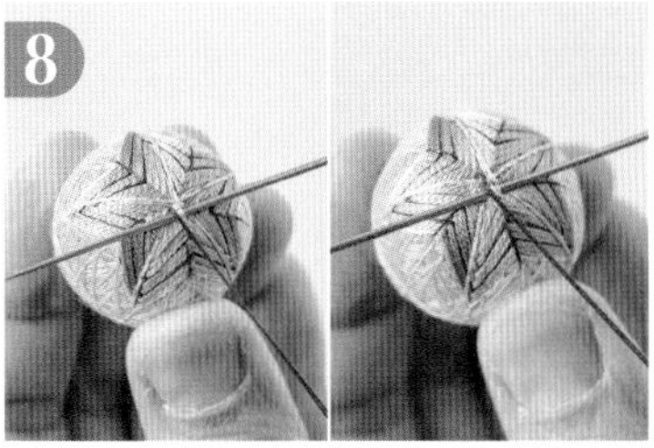

糸Eを通した針を北極から出し、6～7でかがった花の筋の左から針を出す。柱の糸をすくってかがる。右隣の花の筋へと針を進めながら、五角形の刺しゅうを施す。

9

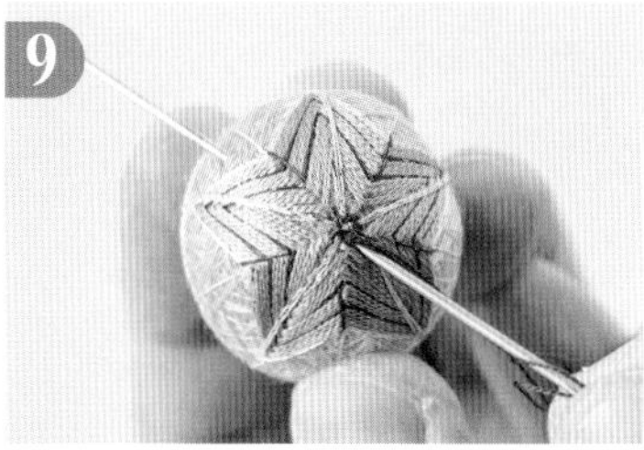

五角形の刺しゅうができたら、適当なところに針をさして返し針(→P.50)をする。

10

糸Fを用意し、五角形と1段めの極側の花びらの間から針を出し、3段めと4段めの間に針を入れる。

11

同様の作業を繰り返し、おしべを5ヵ所刺しゅうする。

12

南極側も同様にする。その際、花びらの位置が対称にならないようずらす。

茎を刺しゅうする

糸Gを用意し、茎を模した模様をかがる。適当なところから針を入れて赤道側の花びらの先、柱の左側から針を出す。右隣の赤道側の花びらの先、柱の右側から針を入れ、柱の左側から針を出す。

13の要領で千鳥かがり(→P.51) を1周する。

葉を刺しゅうする

同じ糸のまま、葉を模した模様をレゼーデージーステッチする。赤道と13～14でかがった茎が交点の下から針を入れ、花びらの凹み部分、柱の中央あたりから針を出し、糸をかける。

糸を引いた状態。ループ状になって留まる。

今度は赤道と茎の交点の上から針を出し、15～16の要領でレゼーデージーステッチをして葉をかたちづくる。

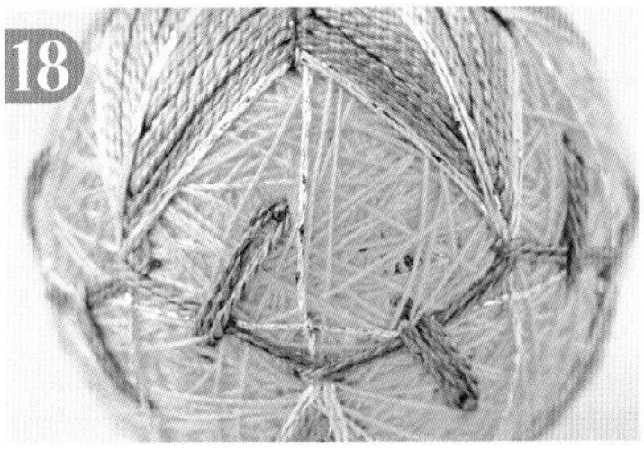

葉を10ヵ所にステッチした状態。

トゲを刺しゅうする

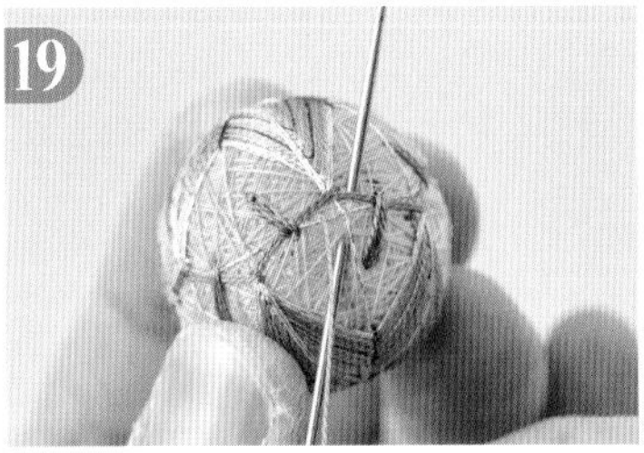

糸Hを1本どりで用意してトゲを刺しゅうする。茎と赤道の間から針を出す。柱の際に針を入れ、柱の交点をくぐり、隣の茎の際から針を出す。

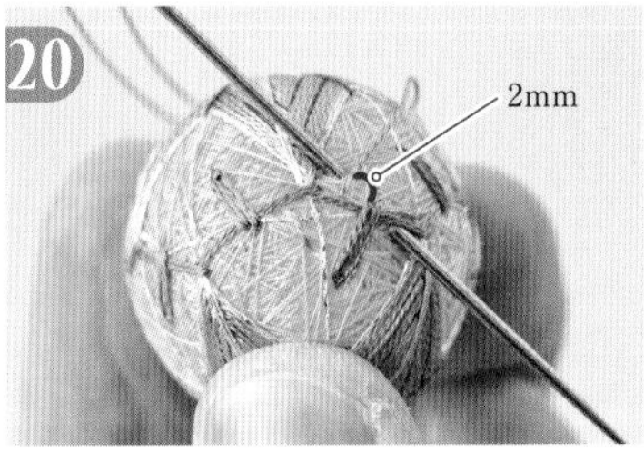

19で針を出した位置から2mmほど上、茎に対して斜めに針を入れ、今度は反対側の茎の下から針を出す。

19～20を繰り返し20ヵ所トゲを刺しゅうする。あまり神経質にならず、ラフに刺しゅうしてOK。

仏の座《ホトケノザ》

完成 ―P.14

濃いピンクの土台自体を花に見立て、12等分の土台に下掛け千鳥かがりを重ねていくことで、仏の座のギザギザとした葉を描きます。

土台まり

円周8cm

地巻き …赤紫

地割り …12等分（P.49）

地割り糸 …エンゼルキング ラメックス［36］

材料と配色

葉	A ニコニコ純絹糸［128］	1～2段め
	B 都羽根絹手ぬい糸［29］	3段め
花	C 都羽根絹手ぬい糸［147］	レゼーデージーステッチ
帯	D タイヤー絹穴糸［56］	1段め、4段め
	E タイヤー絹穴糸［81］	2段め、3段め
	B 都羽根絹手ぬい糸［29］	千鳥かがり各2周
	C 都羽根絹手ぬい糸［147］	

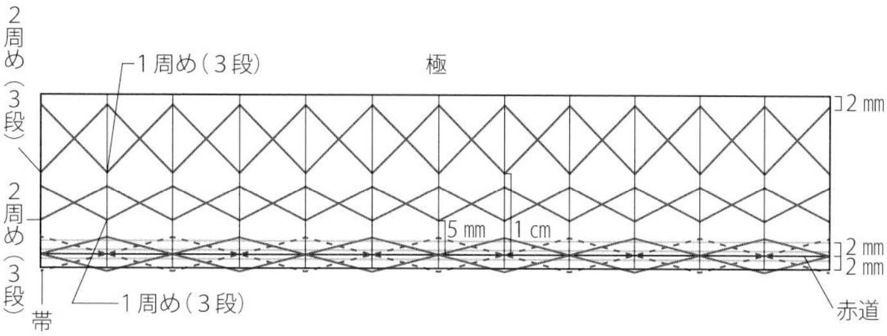

葉をかがる

赤道から1cmの位置に糸Aを出し、極から2mmの位置に向けて下掛け千鳥かがり（→P.52）を2段、糸Bに替えて3段めをかがる。

糸Aを用意し、赤道から5mmの位置、柱の左側から糸を出す。隣の柱の、1でかたちづくった葉の先に針をさし、1の要領で3段かがる。

仕上げをする

極側の葉の際から針を入れ、葉と葉の土台から糸Cを出し、12ヵ所レゼーデージーステッチする（P.64 15～16）。反対側も同様にし、赤道を中心に糸D、E、E、Dとなるよう帯を巻き、糸C、Bでかがる（P.61）。

山荷葉《サンカヨウ》

完成 —P.15

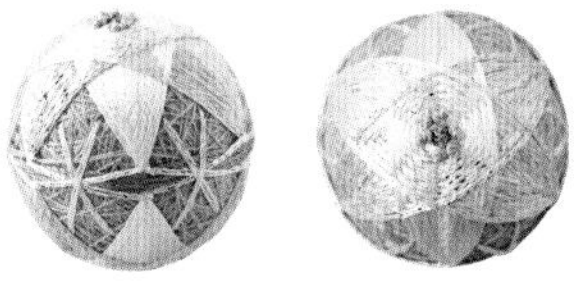

織り機で使う糸巻きに似ていることから名づけられたつむかがりを、3つ重ねてモチーフをつくります。針を3本用意すると作業しやすいです。

土台まり

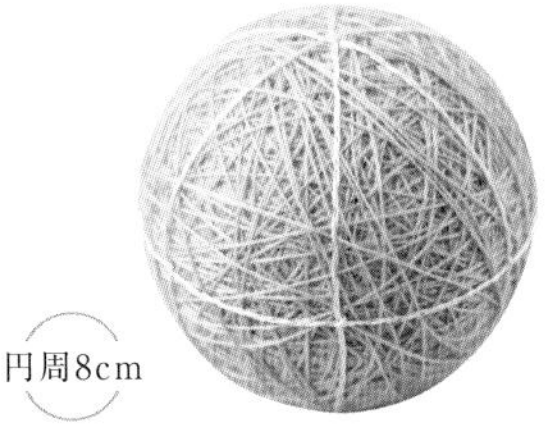

地巻き	…みず色
地割り	…6等分（P.49）
地割り糸	…エンゼルキング ラメックス［326］

材料と配色

花	A 都羽根絹手ぬい糸 白	つむかがり
	B エンゼルキング ラメックス［1］	
	C エンゼルキング ラメックス［326］	
花のあしらい	D 都羽根絹手ぬい糸［119］	フレンチノット（中心）
	E ニコニコ純絹糸［51］	フレンチノット（おしべ）
帯	F タイヤー絹穴糸［81］	赤道の上下に各2段
	C エンゼルキング ラメックス［326］	千鳥かがり2周、クロス

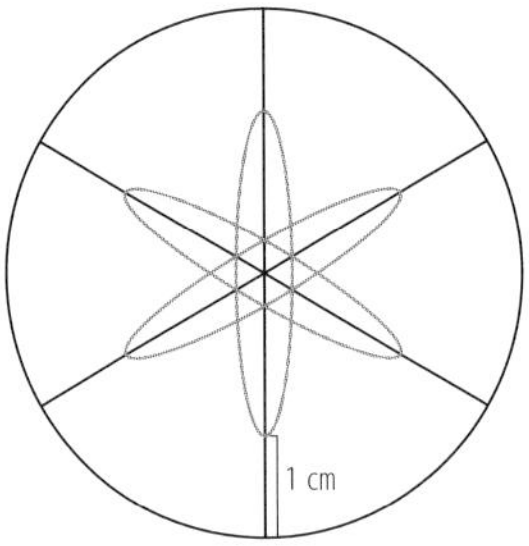

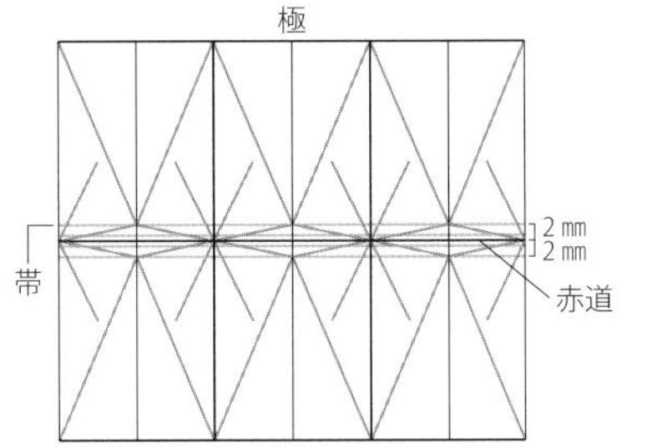

1〜3周めの印をつける

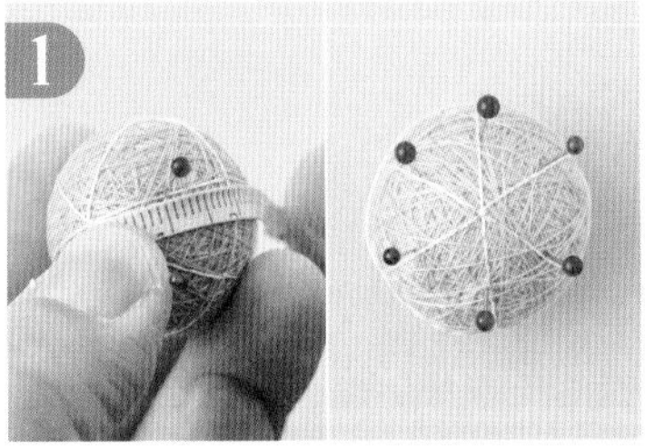

赤道から1cmの位置にまち針を6本打つ。その際、まち針は2色用意して写真のように配置する。まち針は寝かさず、立たせて打つ。

1周めの1段めをかがる

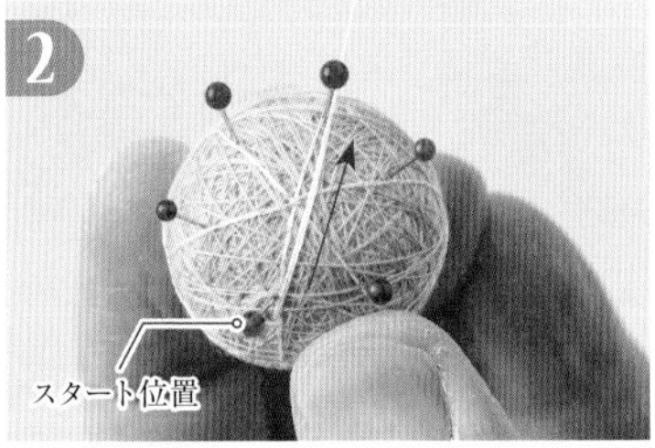

糸Aを針に通し、真ん中の青いまち針をスタート位置にして柱の左側から針を出し、向かい合う赤いまち針の右側へ糸を渡す。

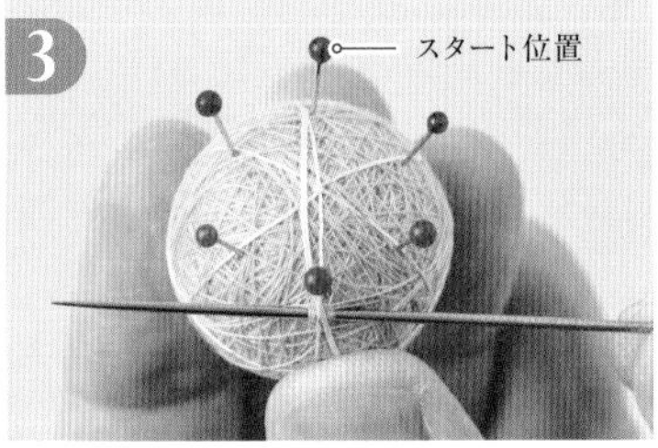

てまりを回転させて、かがる柱を手前に持ってくる。まち針から糸の幅分下の位置で柱に対して直角に針を入れ、柱ごとすくう。

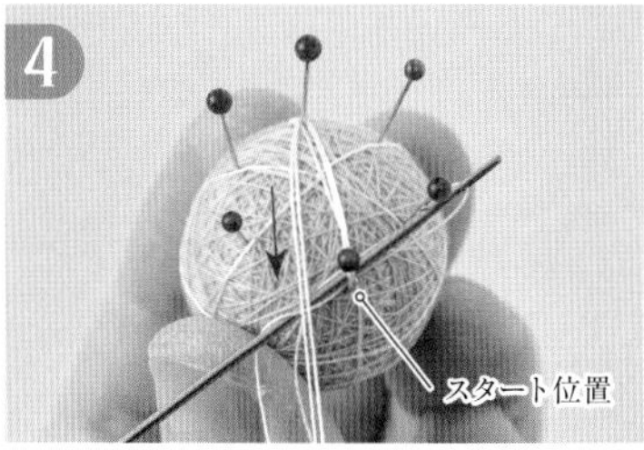

スタート位置に戻り、3の糸の下を針穴のほうからくぐらせ、柱の右から針を入れて柱の左から出す。

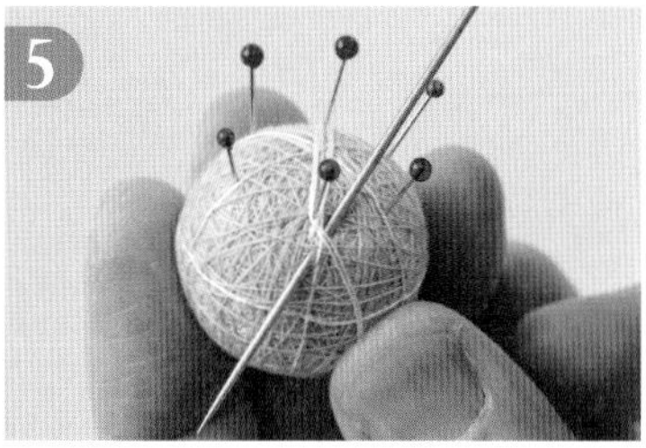

2段め以降に糸がもたつかないよう、糸の幅分下の位置から針を出す。

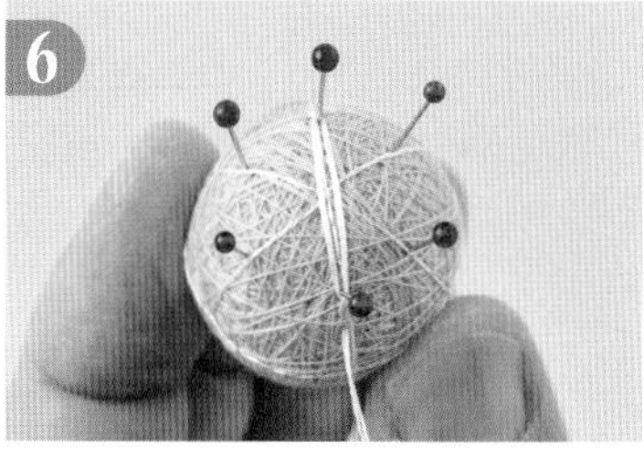

1周めの1段めが終わったところ。糸は切らずにそのままにしておく。

Point まち針が軸となるかがりかたなので、最後まで抜かない。

2周めの1段めをかがる

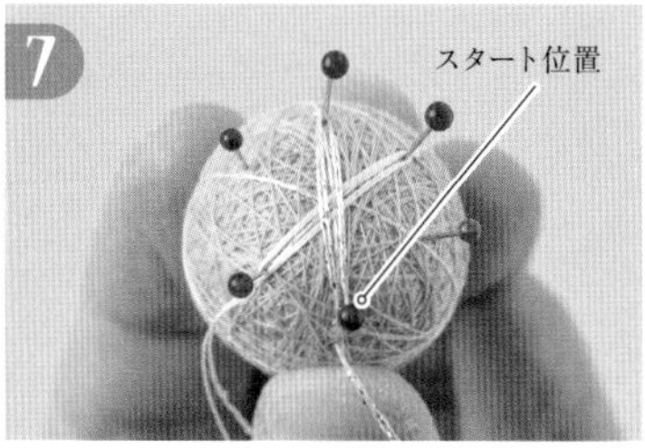

糸Bを用意する。スタート位置をひとつ右にずらし、2～6と同じ要領で2周めをかがる。糸は切らずにそのままにしておく。

3周めの1段めをかがる

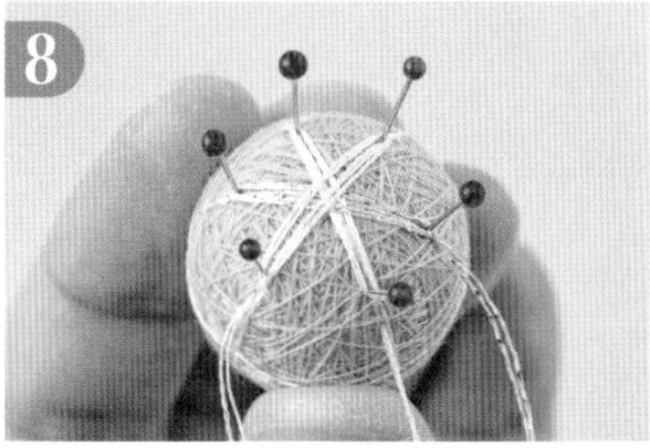

糸Cを用意する。スタート位置を一番左の青いまち針にずらし、2～6と同じ要領で3周めをかがる。糸は切らずにそのままにしておく。

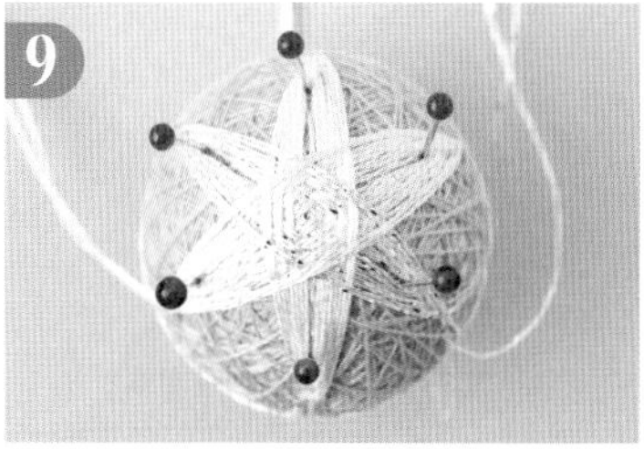

同じ要領を繰り返し、4段めまでかがったところ。

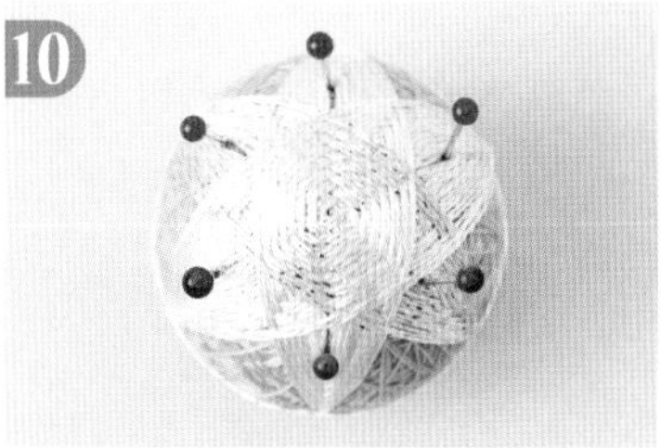

同じ要領で8段めまで段を重ねていく。

花のあしらいをつくる

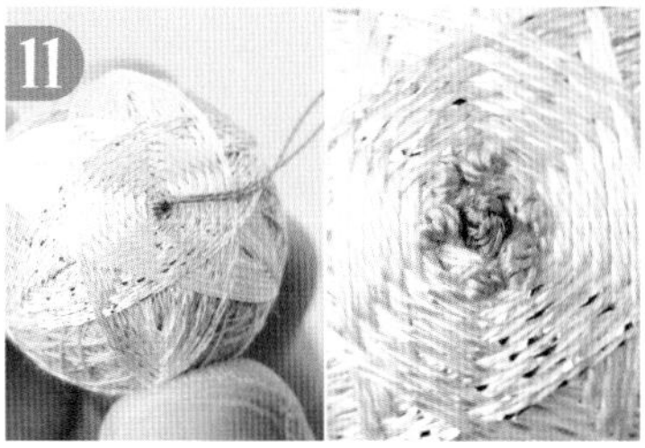

糸Dで中心にひとつ、糸Eでまわりに6つフレンチノットステッチ(→P.53)をする。

帯を巻く

糸Fで赤道を中心に4段巻き、糸Cで千鳥かがり(→P.51)を2周かがり、クロスにあしらう。

棲取草《ツマトリソウ》

完成 —P.16

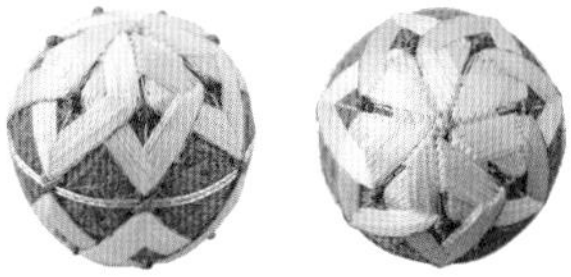

ひとつの菱形を完成させてから、次の菱形を重ねていくモチーフです。7枚の花びらを7等分の地割りを使って表現しました。

土台まり

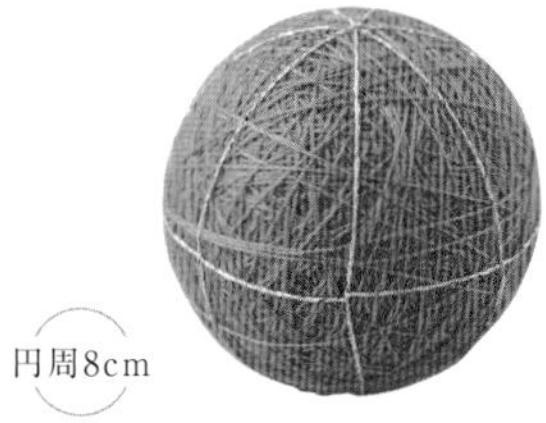

地巻き …桃色

地割り …7等分(P.49)

地割り糸 …カントリーママ メタリックスレッド［802］

材料と配色

補助線	A カントリーママ メタリックスレッド［802］	
花	B 都羽根絹手ぬい糸　生成	1～6段め
	C エンゼルキング ラメステージパール［129］	7段め(菱形の上部、1本どり)
	D エンゼルキング ラメステージ［713］	7段め(菱形の下部、1本どり)
花のあしらい	E 都羽根絹手ぬい糸［158］	フレンチノット(花芯)
	F ニコニコ純絹糸［84］	フレンチノット(おしべ)
帯	G 銀糸3掛	赤道をはさんで各1段
	H 都羽根絹手ぬい糸［151］	千鳥かがり7ヵ所

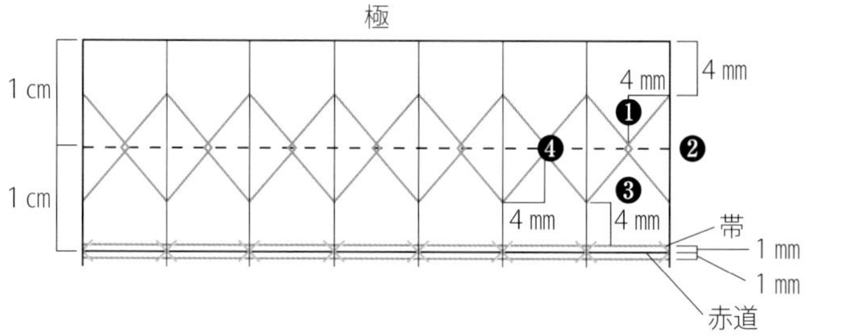

補助線をつくる

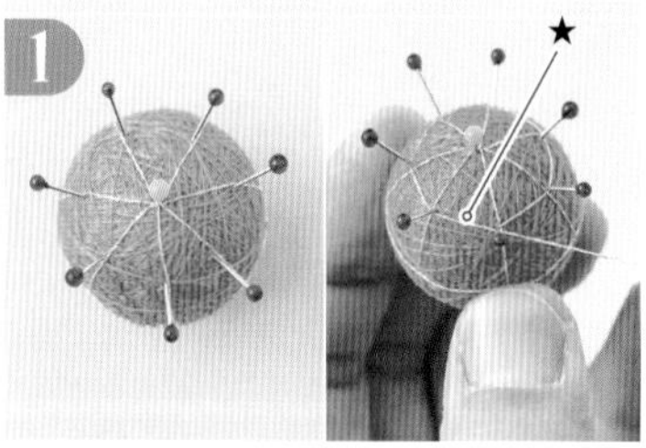

北極から1cmの位置にまち針を7本打つ。糸Aを1本どりで針に通し、まち針のいずれか1本をスタート位置にして、まち針の外側に糸を掛けて1周させる。これを★とする。

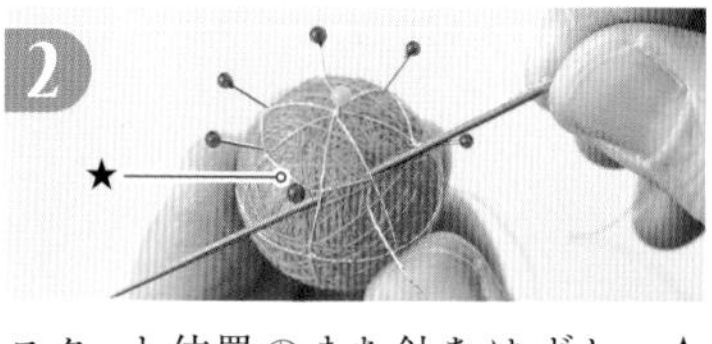

スタート位置のまち針をはずし、★の上、柱の右から針を入れ、左隣の柱の左、★の下から針を出す。スタート位置のまち針をはずし、★の上・柱の右から針を入れ、左隣の柱の左・★の下から針を出す。同様にすべての柱と★の交点をかがり留め、補助線をつくる。

菱形の印をつける

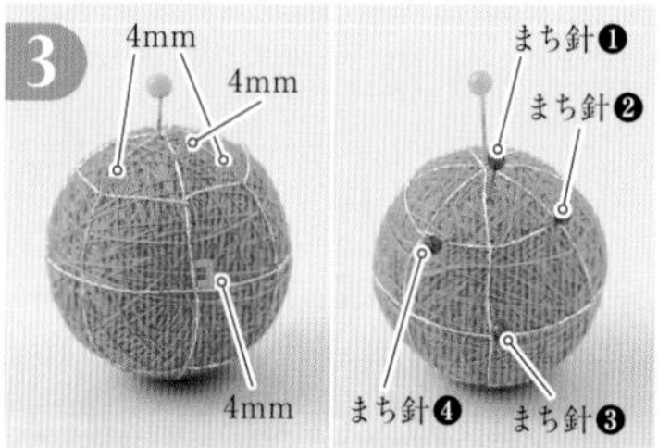

南極側も同様にして補助線をつくったら、柱の右側、北極から4mm、赤道から4mmに1本ずつ、補助線の上、柱から4mmの位置に1本ずつ、計4本まち針を打つ。

菱形を1段かがる

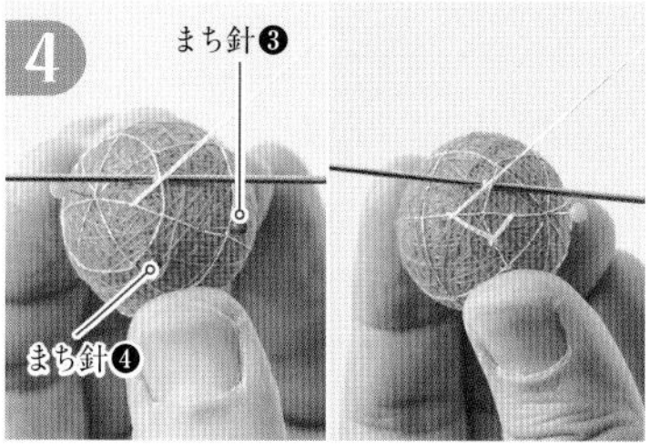

❶から糸Bを通した針を出し、❷を打った補助線を下からすくう。同じ要領で、❷から❸、❸から❹と菱形にかがっていく。

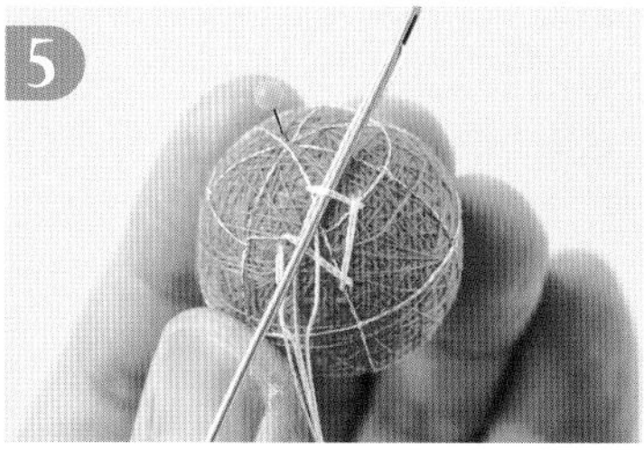

❶に戻って1周したら、針穴のほうから糸をくぐらせる。

菱形を6段めまでかがる

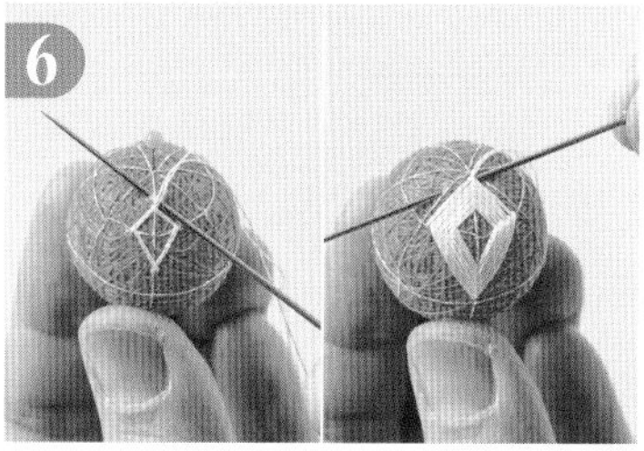

4～5の要領で、6段めまでかがる。糸は次の菱形のスタート地点（左隣の柱、極から4mmの位置）に休めておく。

7段めをかがる

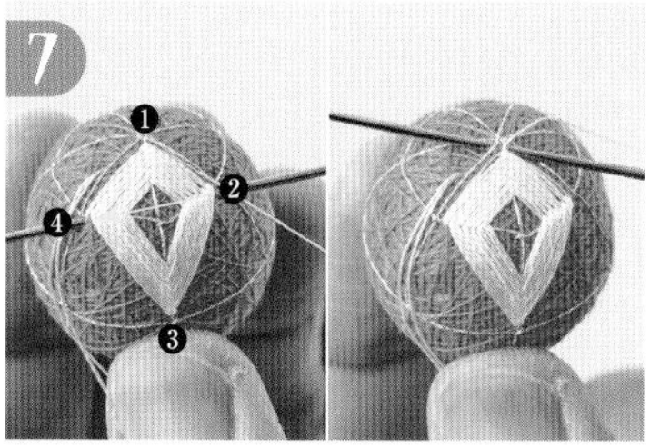

糸Cを1本どりで用意し、❶の位置から針を出して❷で入れる。❹から針を出し、❶に戻り、柱をすくう。糸は次の菱形の極の際に出して休めておく。

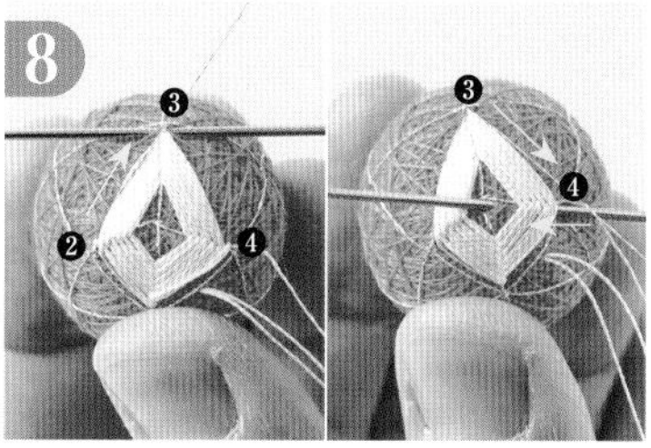

糸Dを1本どりで用意し、❷の位置から針を出して❸の位置で柱を右から左にすくう。❹の位置から針を入れ、菱形の中央、柱の右側から針を出す。

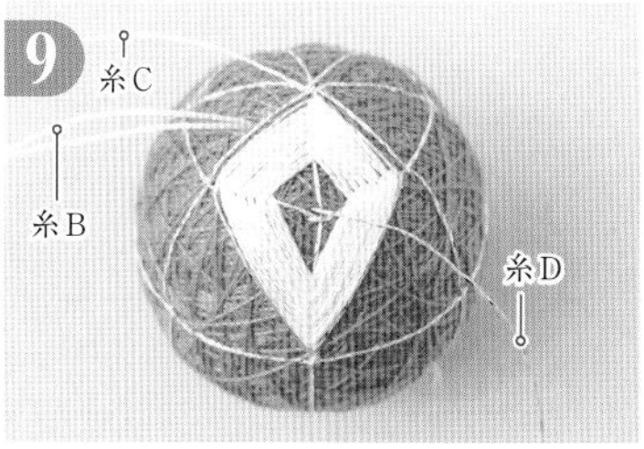

ひとつめの菱形が完成。糸B、C、Dはふたつめの菱形のスタート地点に休めておく。

残りの菱形6つをかがる

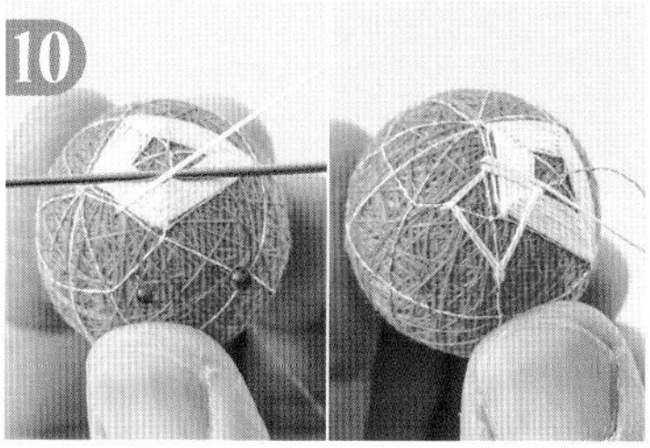

3～9の要領で菱形をかがっていく。ひとつ前にかがった菱形に重なるような模様になっていく。

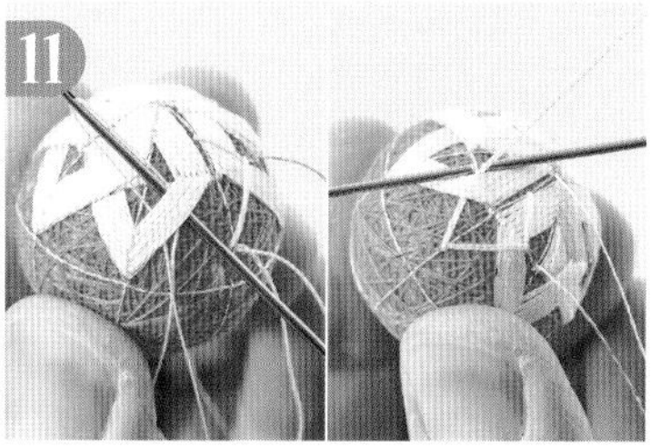

7つめの菱形の左側は、ひとつめの菱形の右側の下になるよう、針をくぐらせる。

あしらいと帯をかがる

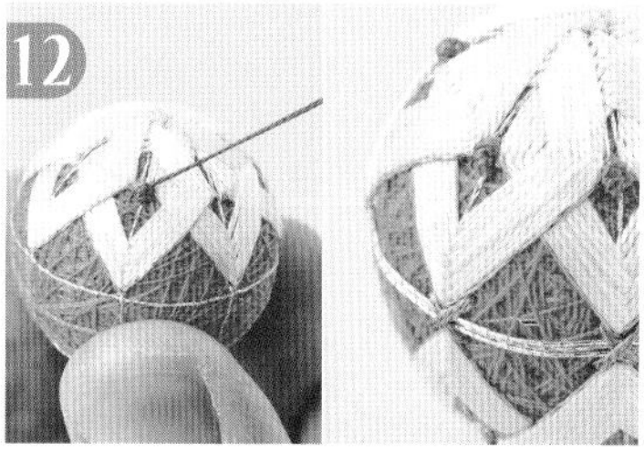

糸Eで極にひとつ、糸Fで菱形の中心に7つをフレンチノットステッチ（→P.53）をする。糸Gで帯を2段巻き、糸Hで千鳥かがり（→P.51）をする。

七変化《シチヘンゲ》

完成 —P.18

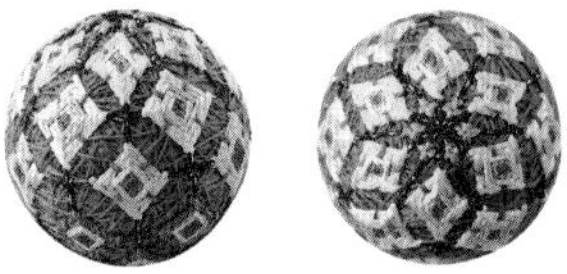

12等分の地割りを使って菱形を細かくかがっていき、七変化の小花を描いていきます。位置をたがい違いにするのがポイントです。

土台まり

地巻き	…青緑 ※ステッチでも使用
地割り	…12等分(P.49)
地割り糸	…エンゼルキング ラメックス[126]

材料と配色

補助線	A エンゼルキング ラメックス[126]	
菱形❶	B ニコニコ純絹糸[106]	1段め
菱形❷	C 都羽根絹手ぬい糸[86]	1段め
	D 都羽根絹手ぬい糸[180]	2段め
	E 都羽根絹手ぬい糸[16]	3〜5段め
菱形❸	C 都羽根絹手ぬい糸[86]	1段め
	F 都羽根絹手ぬい糸[32]	2段め
	G 都羽根絹手ぬい糸[161]	3段め
	H ニコニコ純絹糸[158]	4〜5段め
菱形❹	I ニコニコ純絹糸[54]	1段め
	C 都羽根絹手ぬい糸[86]	2段め
	F 都羽根絹手ぬい糸[32]	3段め
	G 都羽根絹手ぬい糸[161]	4〜5段め
菱形❺ 菱形❻	I ニコニコ純絹糸[54]	1段め
	C 都羽根絹手ぬい糸[86]	2段め
	G 都羽根絹手ぬい糸[161]	3段め
	J 都羽根絹手ぬい糸[163]	4〜5段め

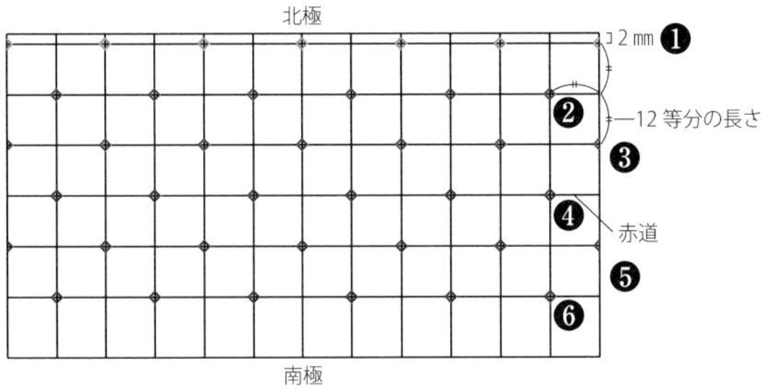

菱形をかがる

P.68 1〜2の要領で、図案の通り補助線をつくる。北極を左側にしてまりを持ち、赤道と柱の交差点の左下から糸Iを通した針を出し、P.69 4〜6を参考に菱形にかがる。

図案の通り、糸を替えながらすべての菱形をかがっていく。写真は5段めまでかがったところ。

Point 菱形❷〜❻はどこからかがってもOKだが、菱形❹からかがるとわかりやすい。

ステッチを入れる

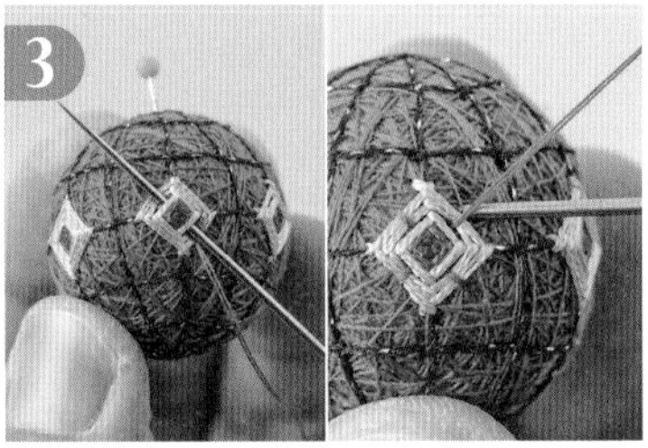

地巻きと同じ糸を針に通し、菱形の3段めと4段めの間に針を入れて4辺すべてにステッチを入れる。北極側は2mmの位置に糸Bで菱形❶をかがる。

長実雛罌粟《ナガミヒナゲシ》

完成 ― P.22

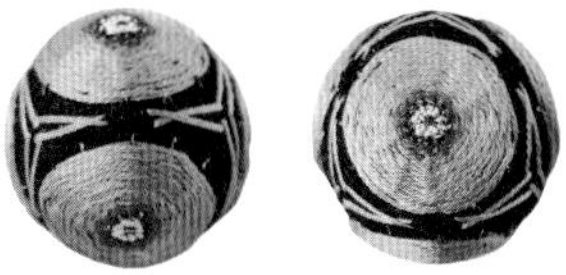

8等分の組み合わせ地割りに松葉をかがり、その糸をざるかがりでていねいにかがって可憐な花びらを描きます。きれいな円になるようかたちづくりましょう。

土台まり

円周8cm

※作品をつくる際は、地割り糸は黒を使うこと。

地巻き …黒

地割り …8等分の組み合わせ(P.45)

地割り糸 …エンゼルキング ラメックス［313］

材料と配色

花のあしらい	●	A エンゼルキング ラメックス［109］	松葉かがり 片側6本
花	●	B ニコニコ純絹糸［37］	傘かがり 1段め
	●	A エンゼルキング ラメックス［109］	傘かがり 2段め
	●	C ニコニコ純絹糸［7］	ざるかがり 1段め
	●	D ニコニコ純絹糸［148］	ざるかがり 2段め
	●	E 都羽根絹手ぬい糸［86］	ざるかがり 3～4段め
	●	F 都羽根絹手ぬい糸［180］	ざるかがり 5～7段め
	●	G 都羽根絹手ぬい糸［7］	8段め～松葉かがりが埋まるまで
茎	●	H 都羽根絹手ぬい糸［160］	千鳥かがり

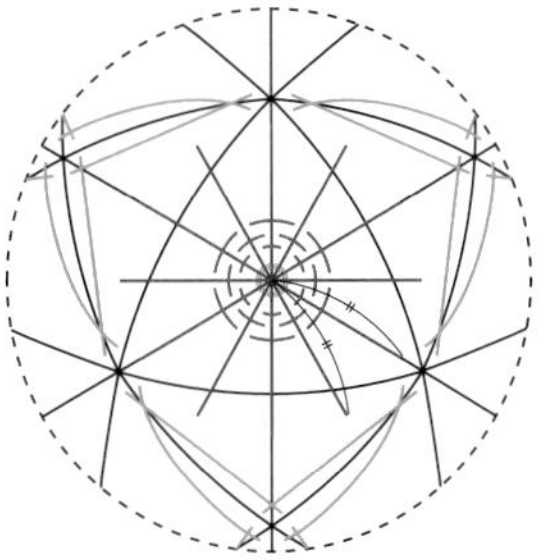

松葉かがりをする

1

土台と同じ糸で8等分の組み合わせ地割りをする(ここではわかりやすく違う色の糸を使用)。組み合わせでできる三角形中心に、糸Aで松葉かがり(→P.53)を4ヵ所する。

傘かがりとざるかがりをする

2

糸B、糸Aを用意して、松葉かがりの中心に傘かがり(→P.55)を1段ずつ(計2段)し、糸を替えながら松葉かがりの糸が埋まるまでざるかがりをする。

茎をつくる

3

糸Hを用意し、隙間の三角部分に千鳥かがり(→P.51)の要領で茎の模様になるようかがる。

姫女苑《ヒメジョオン》

完成 ー P.20

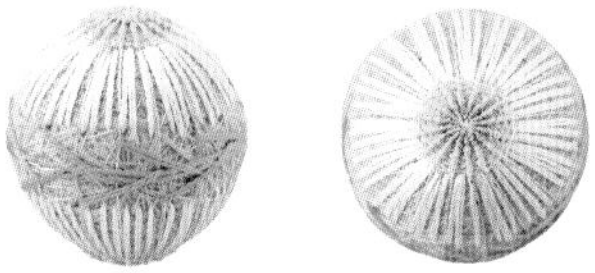

鮮やかな空色の土台を使って、青空に向かって咲く健気な姫女苑を描きます。傘かがりと松葉かがりの応用テクニックを使います。

土台まり

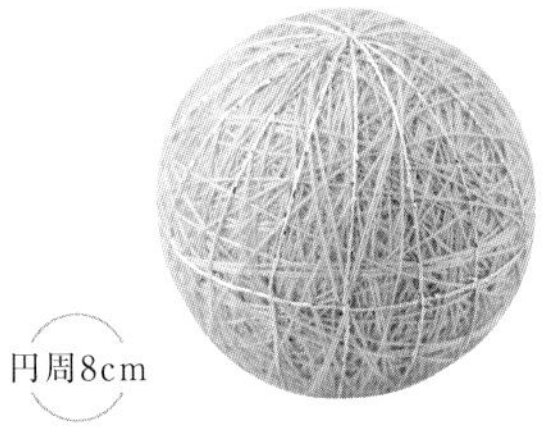

地巻き …空色

地割り …16等分(P.49)

地割り糸 …エンゼルキング ラメステージ[530]

材料と配色

花	A 都羽根絹手ぬい糸[23]		2段
	B 都羽根絹手ぬい糸[16]	中心	2段
	C 都羽根絹手ぬい糸[142]	(傘かがり)	2段
	D エンゼルキング ラメステージパール[1266]		1段
	E 都羽根絹手ぬい糸　白	花びら(松葉かがり風)	
帯	F タイヤー絹穴糸[146]	2段	
	G ニコニコ純絹糸[155]	千鳥かがり(変形)	

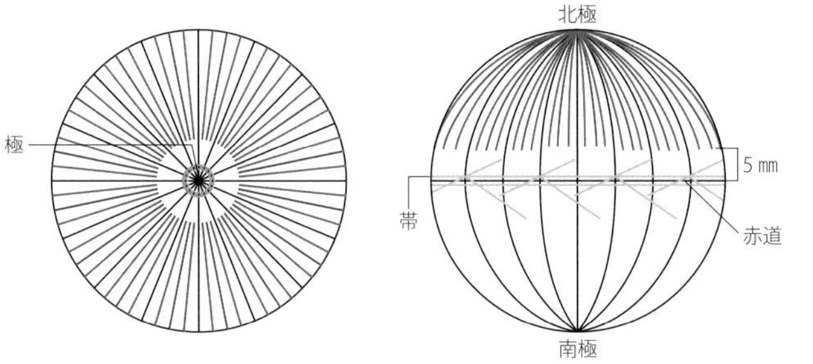

傘かがりをする

傘かがり(→P.55)の要領で、糸A、糸B、糸Cでそれぞれ2段、糸Dで1段、トータル7段かがる。

花びらをかたちづくる

柱と柱の中心、赤道から5mmの位置にまち針を打ち、向かい側も同様にする。一方から糸Eを通した針を出す。1の傘かがりの下を通って、反対側から針を出す。

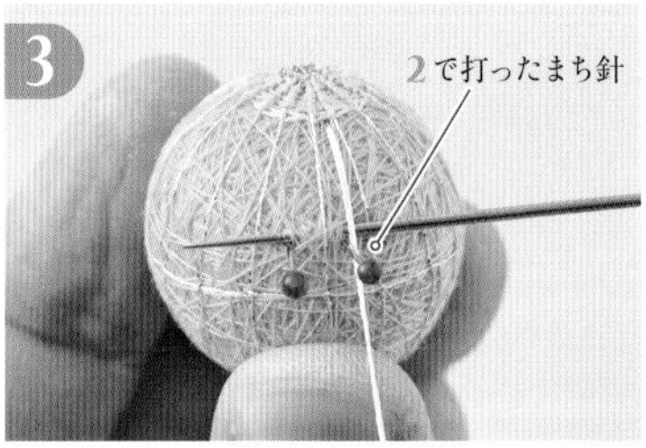

2で針を出した側を手前に向ける。2と同様、隣の柱と柱の中心、左隣の柱と柱の中央にまち針を打ち、まち針からまち針へと針を進めていく。

2～3と同様にし、松葉かがりのようにかがっていく。

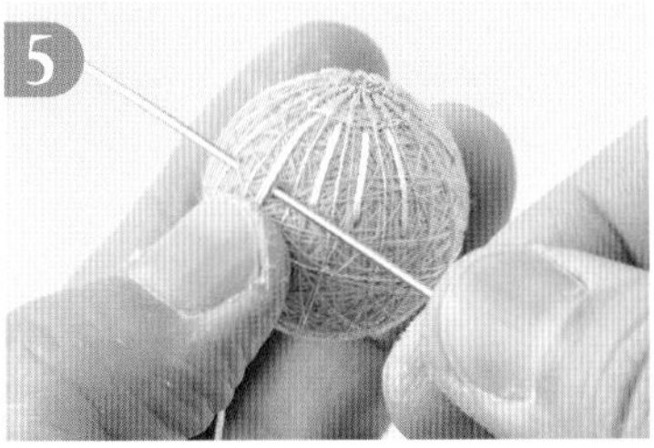

2本どりした糸がきれいにそろうよう、整えながらかがっていく。

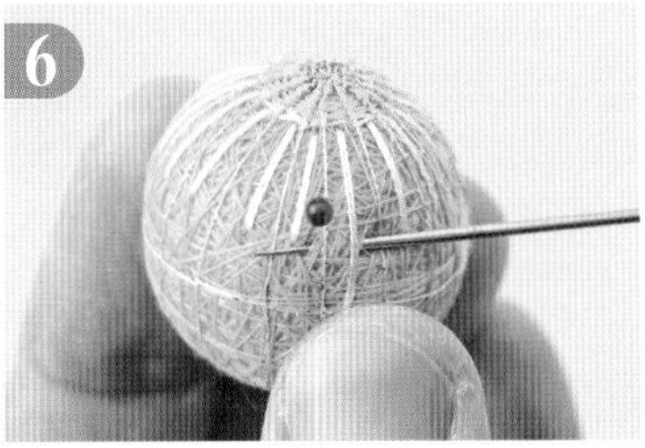

1周したら、2のかがり始めと柱の中心、赤道から5mmの位置にまち針を打ち、そこから針を出す。

2～3の要領でかがっていく。

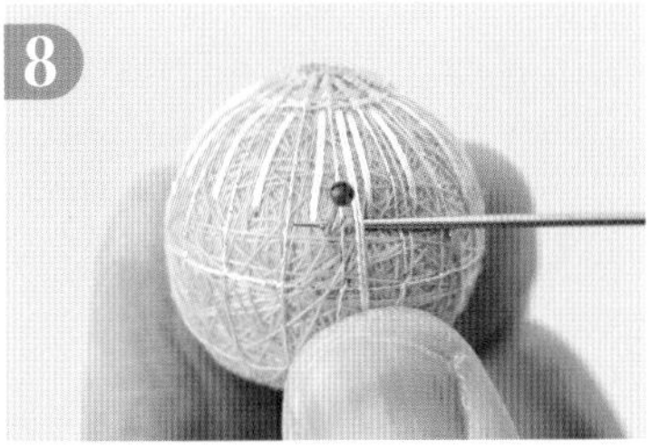

7で針を出した側を手前に向ける。隣の柱と2でかがった糸の中心に2と同様にまち針を打ち、そこから針を入れる。

2～3と同様にかがっていくと、柱と柱の間にそれぞれ3本の線が入る。南極側も同様にかがる。

帯をかがる

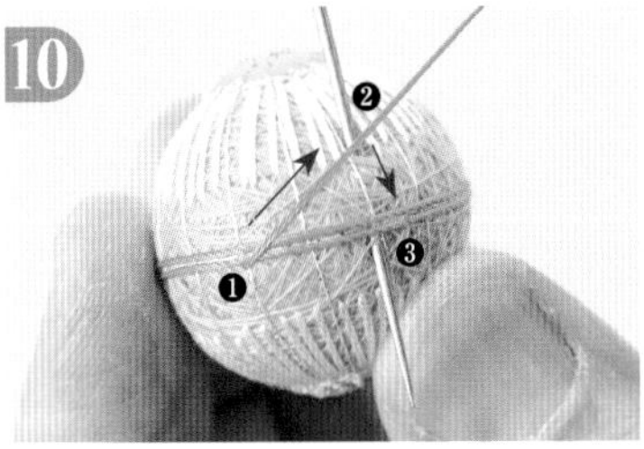

赤道を中心にして糸Fを2段巻き、柱の左側(❶)から糸Gを出し、2本隣のモチーフの際、柱の右側(❷)から針を入れる。赤道の下、柱の左側(❸)から針を出してかがる。

1周したら、帯の上、左隣の柱の左側から針を出す。南極側は2本先の柱の右側から針を入れ、赤道の上、柱の左側から針を出してかがる。

南極側も1周かがったら完成。

夕化粧《ユウゲショウ》

完成 ─ P.24

淡いピンクの花を咲かせる夕化粧を、四角と三角の組み合わせで表現します。花びらの丸みがきれいに出るよう、ていねいにかがりましょう。

土台まり

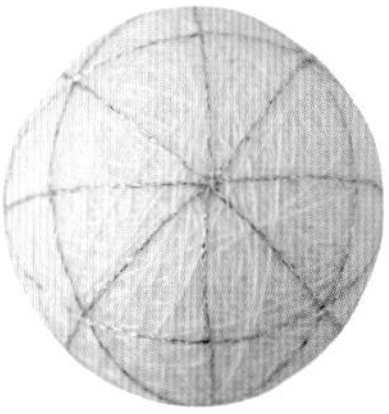

円周8cm

地巻き …薄黄色

地割り …8等分の組み合わせ(P.45)

地割り糸 …カントリーママ メタリックスレッド[801]

材料と配色

背景（四角形6ヵ所）	A 都羽根絹手ぬい糸[158]	3段
	B ニコニコ純絹糸[37]	1段×2回
	C ニコニコ純絹糸[18]	1段
	D 都羽根絹手ぬい糸[151]	2段
	E 都羽根絹手ぬい糸[131]	2段
	F 都羽根絹手ぬい糸[62] ※1本どり	1段
花（三角形8ヵ所）	G エンゼルキング ラメステージ[713] ※1本どり	1段×5回
	H 都羽根絹手ぬい糸[161]	1段×4回
帯	H 都羽根絹手ぬい糸[161] ※1本どり	2段
花のあしらい	I エンゼルキング ラメックス[326]	おしべ

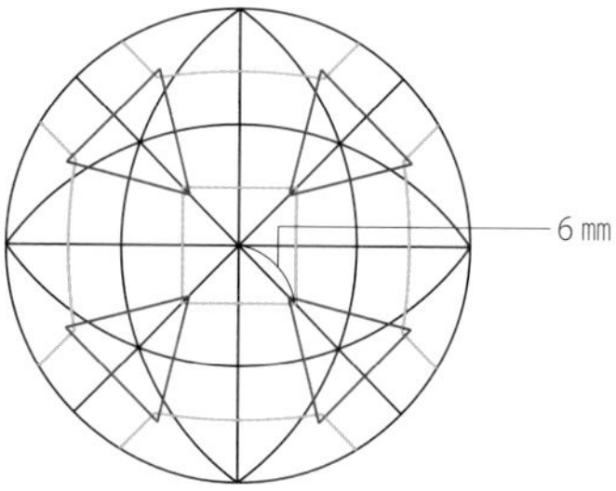

四角形に印をつける

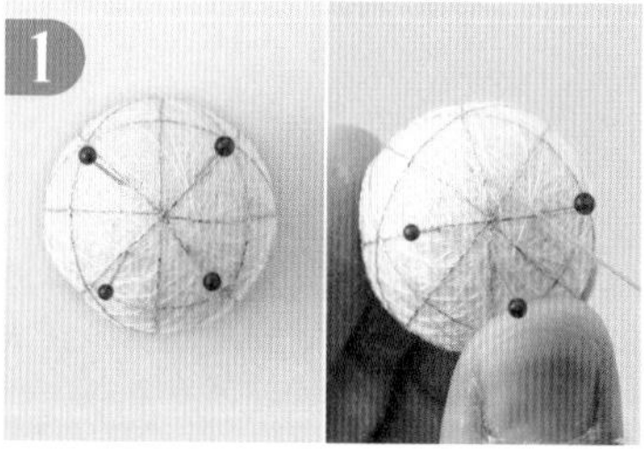

組み合わせでできる四角形の対角線上、赤道から6mmの位置にまち針を4本打つ。まち針のひとつをスタート位置にして、柱の左から糸Aを出す。

四角形(背景)をかがる

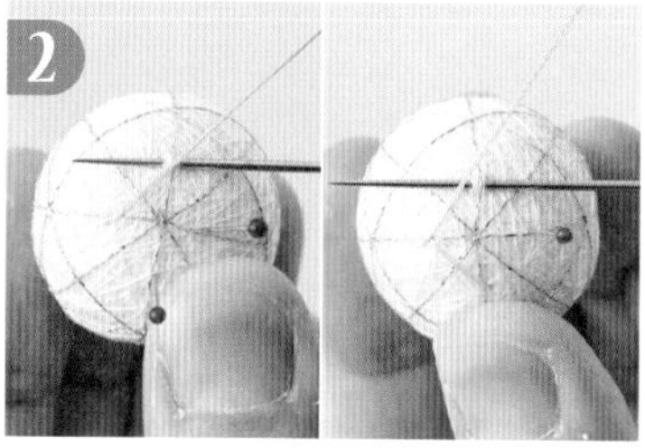

右隣のまち針へと針を進め、柱の右側からすくう。同様にして、隣のまち針へと針を進めていく。

1周したら、かがりはじめの糸に針穴のほうから糸を通す。

Point 逆回りにかがってもOK(→P.87)

三角形（花）をかがる

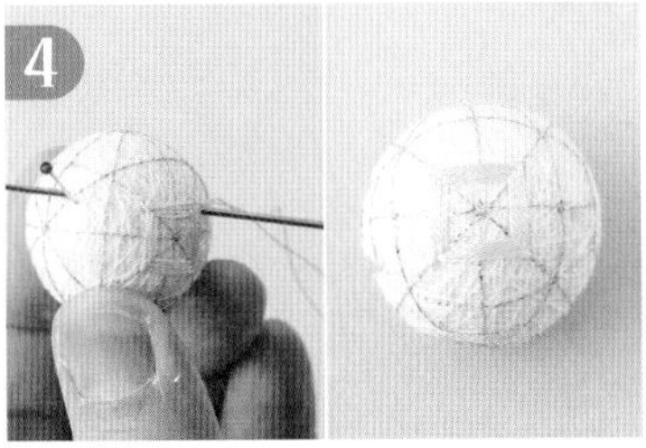

4

1～3を繰り返して3段かがったら、次の四角形のスタート位置に針をさす。手順を繰り返して6ヵ所、3段ずつかがる。

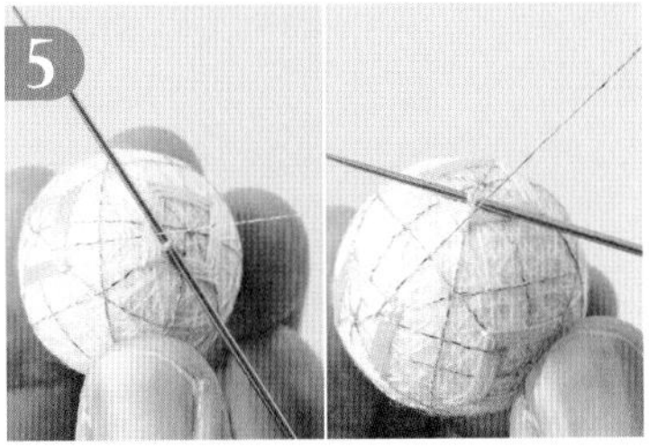

5

糸Gを1本どりにし、四角形の角と角をつなぐよう三角形を1段かがる。

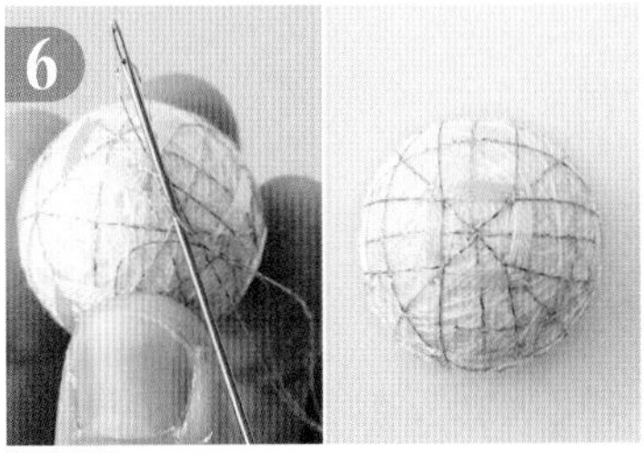

6

1周したら、糸の重なりをそろえるため、かがりはじめの糸に針穴のほうから糸を通す。同様にして8ヵ所、三角形にかがる。

2段め以降をかがる

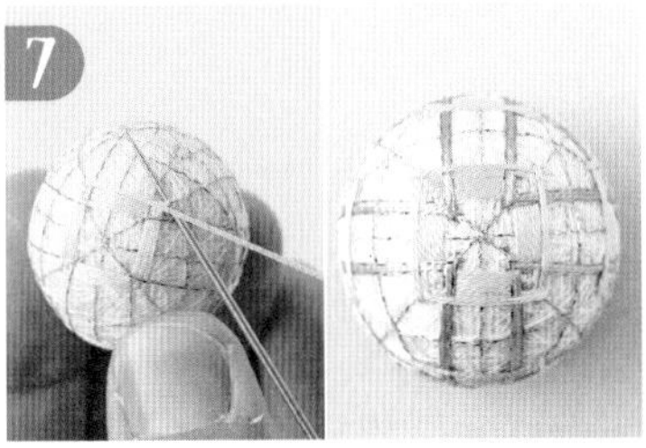

7

糸Bで四角形を1段、糸Hで三角形を1段、1本どりの糸Gで三角形を1段かがる。さらに、糸Bで四角形を1段かがる。

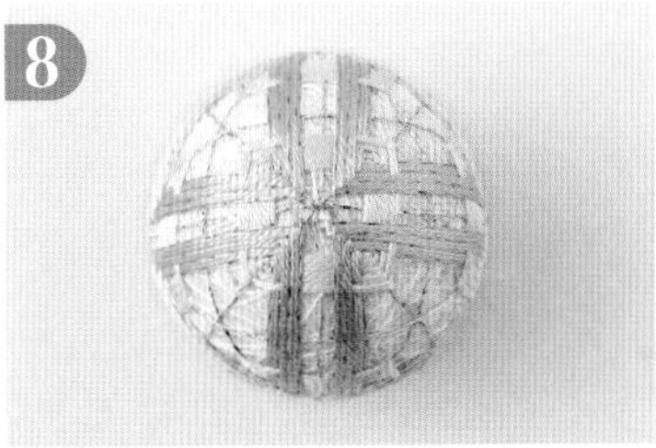

8

花のカーブをつくるため、糸Hで三角形を1段、1本どりの糸Gで三角形を1段かがる。三角形をさらに1段、糸Hと糸Gでかがる。

9

糸Cで四角形を1段かがる（写真左）。糸Hで三角形を1段、1本どりの糸Gで三角形を1段かがる（写真右）。

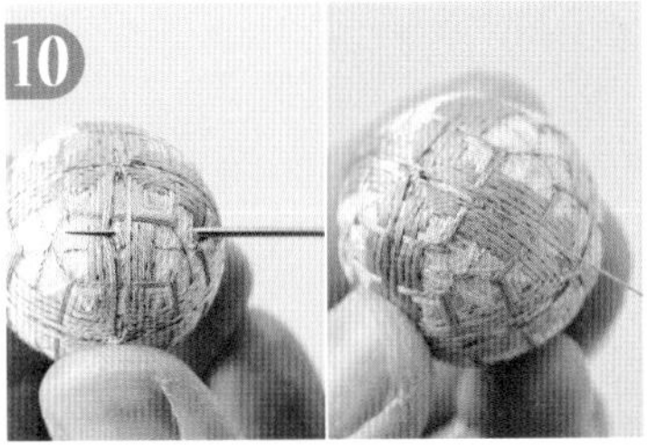

10

三角と三角の隙間に針を入れ、隙間に沿って1本どりの糸Hを2周巻いて、計3ヵ所かがり留める。

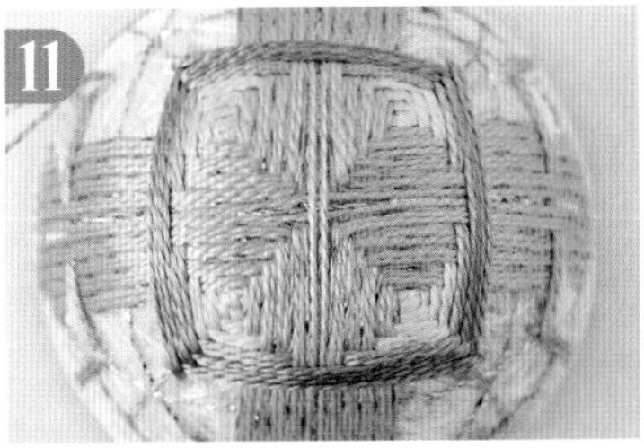

11

四角形を糸Dで2段、糸Eで2段、1本どりの糸Fで1段かがって隙間を埋めてモチーフを仕上げる。

刺しゅうする

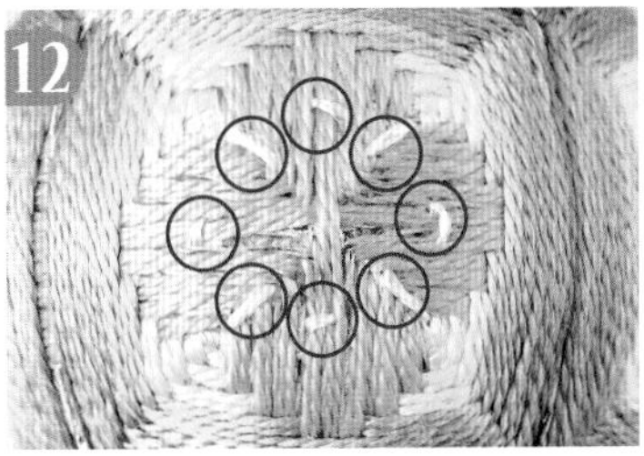

12

赤丸の位置（8ヵ所）に糸Iでおしべを刺しゅうする。

大犬の陰嚢《オオイヌノフグリ》

◈完成 －P.25

カーブをつけながら六角形をかがり土台の地色の花びらを浮き上がらせます。模様を上に上にかがっていくモチーフとはまた違った味わいです。

土台まり

円周8cm

地巻き …青

地割り …8等分の組み合わせ（P.45）

地割り糸 …エンゼルキング ラメックス［326］

材料と配色

四角形（6ヵ所）	A 都羽根絹手ぬい糸［212］	1段
六角形（8ヵ所）	A 都羽根絹手ぬい糸［212］	3段
	B 都羽根絹手ぬい糸［156］	3段
八角形（8ヵ所）	C 都羽根絹手ぬい糸［142］	1段
	D 都羽根絹手ぬい糸 生成	1段
花脈	E エンゼルキング ラメックス［60］	
	F エンゼルキング ラメックス［326］	

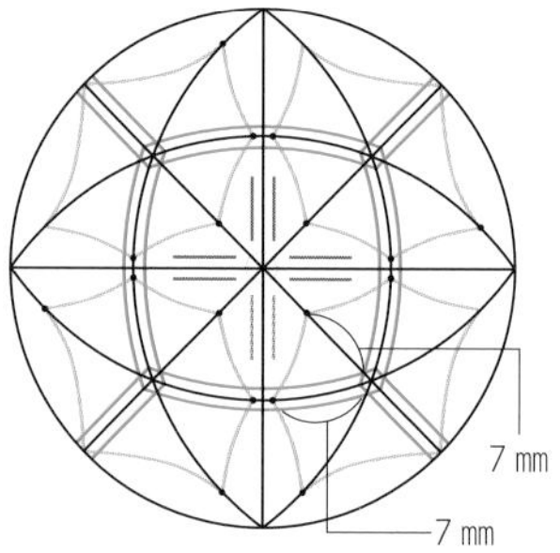

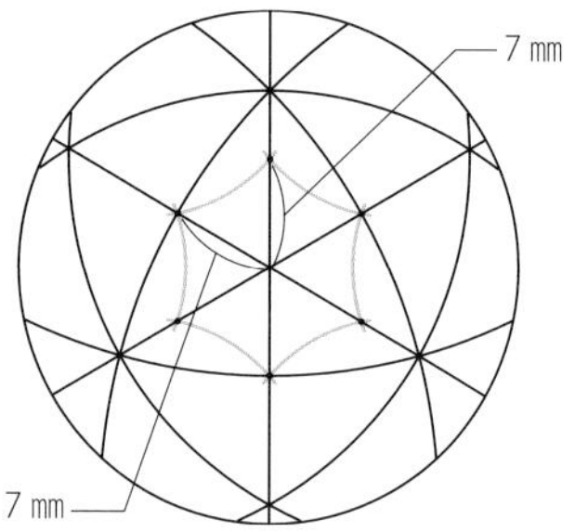

四角形をかがる

地割り線との交点の下側から糸Aを出し、8等分の組み合わせでできる四角形の外側をかがる。

最後の1辺は針穴のほうから針を通し、糸の重なりの向きをそろえる（→P.50）。

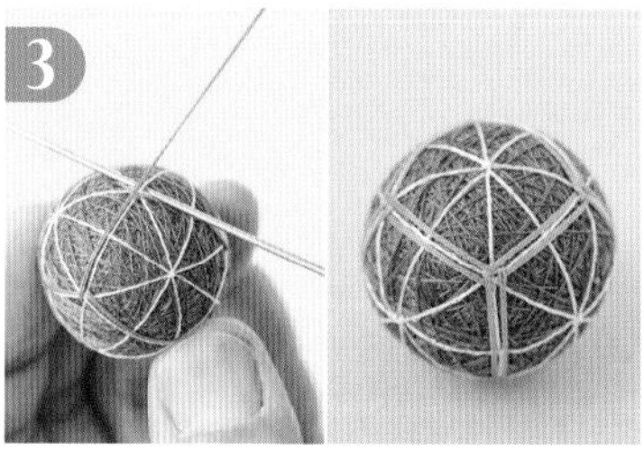

地割り線の際から針を入れてふたつめの四角形をかがり、全部で6ヵ所の四角形をかがる。

六角形をかがる

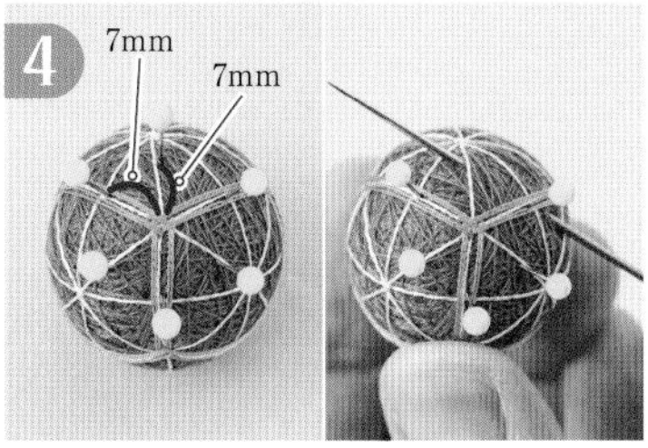

8等分の組み合わせでできる三角形の中心から7mmの位置6ヵ所にまち針を打ち、糸Aをいずれかのまち針から出す。

左のまち針へと針を進める。このとき、1〜3でかがった四角形の下から針を入れてかがっていく。

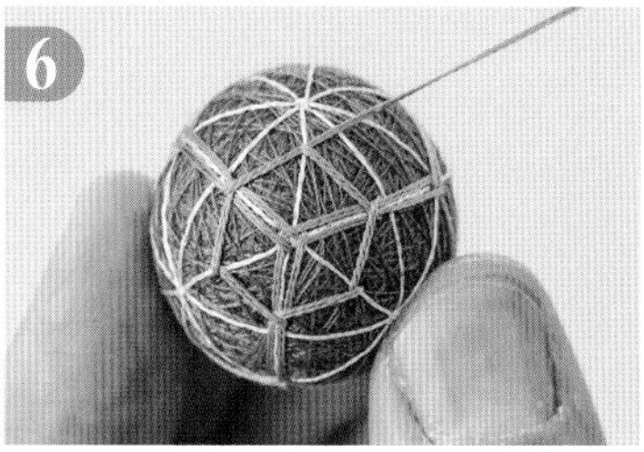

最後の1針は針穴のほうから通して糸の重なりの向きをそろえて(→P.50) 1段かがり終える。

2段めをかがる

4より糸の幅分ずらした位置に針を入れる。

2段めをかがっていく。このとき、縫い幅を少しずつ広めにしていくと、段数を重ねるごとにカーブができ、花びらのようになる。

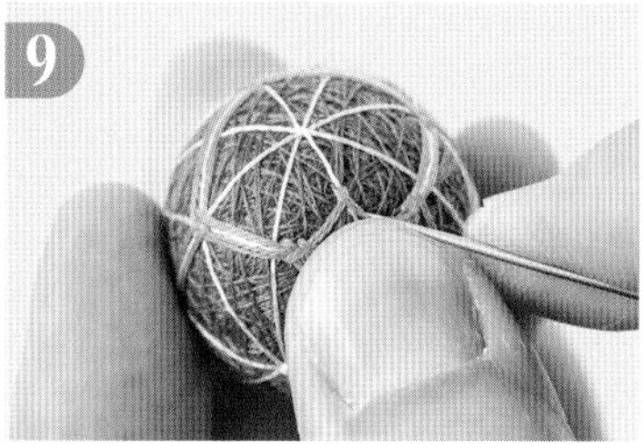

針先でカーブをつくっていく。

8ヵ所の六角形を3段かがったところ。

糸Bで、六角形をさらに3段かがる。

花のあしらいをつくる

花の形がつくられた地割り線の交点に、糸C、糸Dの順で八角形を1段ずつかがり、糸Eで6本、糸Fで2本花脈を刺しゅうする。

犬芥子《イヌガラシ》

完成 －P.26

帯をクロスに巻いてガクを、菱形をかがって花びらを表現します。四角形をかがるときに、帯の糸すべてをくぐらせないのがポイントです。

土台まり

円周8cm

地巻き	…苔色
地割り	…8等分の組み合わせ(P.45)
地割り糸	…カントリーママ メタリックスレッド [802]

材料と配色

補助線	A カントリーママ メタリックスレッド[802]	
ガク(帯3ヵ所)	B 都羽根絹手ぬい糸[124]	中心4段(1本どり)
	C 都羽根絹手ぬい糸[19]	外側各1段(1本どり)
	D ニコニコ純絹糸[18]	外側各1段(1本どり)
四角形(6ヵ所)	E 都羽根絹手ぬい糸[20]	2段
花びら(菱形)	F 都羽根絹手ぬい糸[16]	3段
おしべ	G 都羽根絹手ぬい糸[18]	フレンチノット

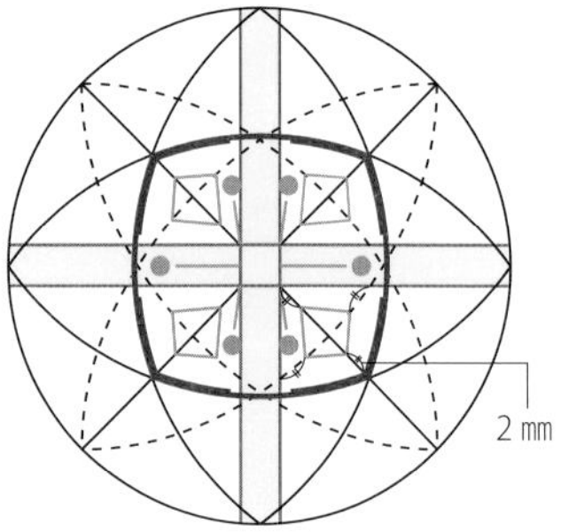

補助線を入れる

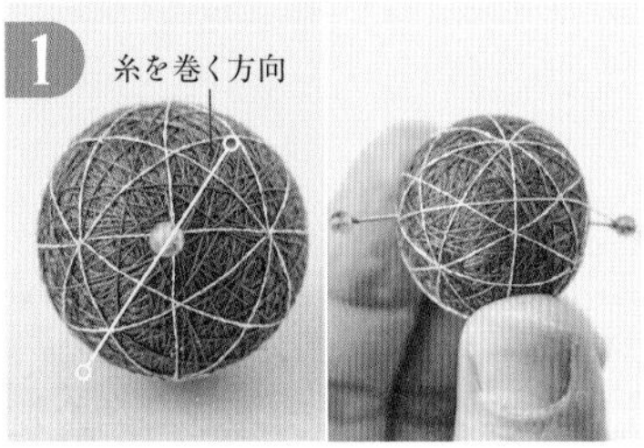

菱形の中心にまち針を打ち、反対側も同様にして、地割りと同じ糸Aを1周させる。このとき、菱形の中心を通るように1周させる(ここではピンクの糸を使用)。

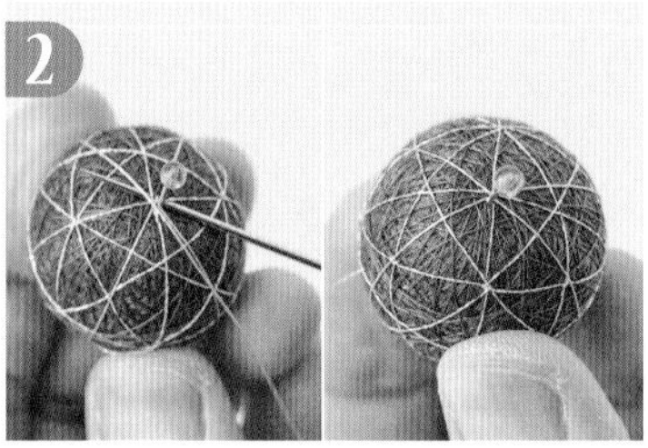

クロスするように2周めも巻き、交点ごとかがり留める。

まだ補助線が通ってない菱形の中心にまち針を打ち、1～2の要領で補助線(ここでは青の糸を使用)をクロスするように入れる。

帯を巻く

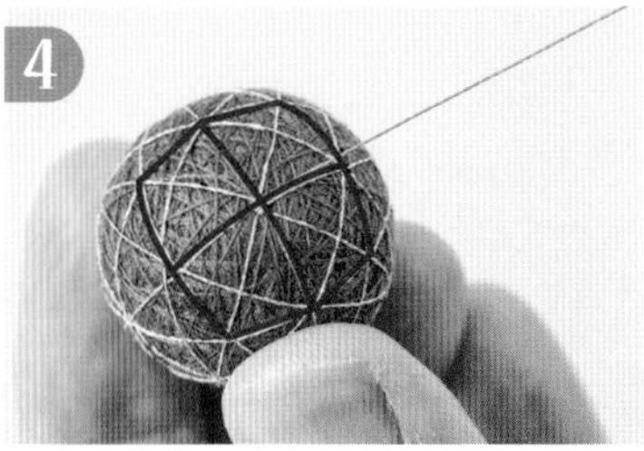

地割り線との交点の下側から糸Bを出し、8等分の組み合わせでできる四角形の外側をかがる。

四角形の中心線と並行に上下2段ずつ巻いたら、交点の右下から左上へと針を入れる。帯を巻くときは、糸がよれたり重なったり、隙間があいたりしないよう注意。

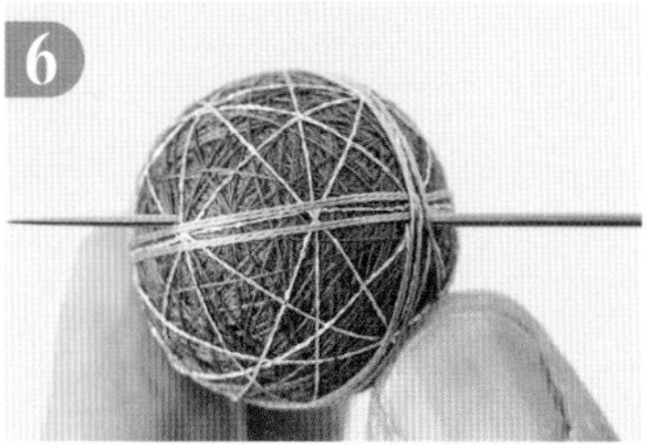

針を入れた位置から、5と垂直に交わるように同様にして4段巻き、帯の2本めを巻く。3本めのスタート位置から針を出す。

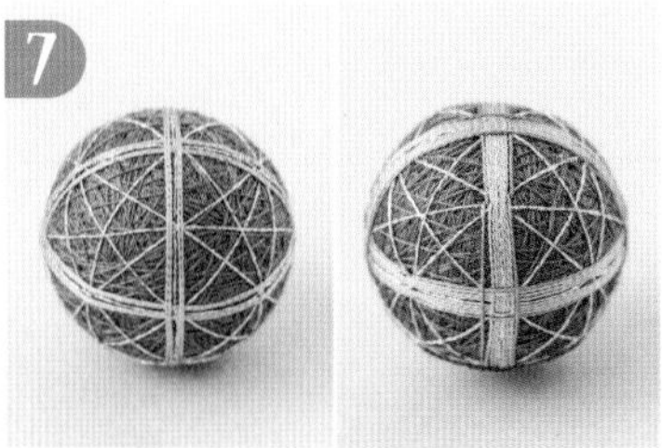

同じ要領で3本めも巻き、糸Cで外側各1段、糸Dでさらに外側1段ずつ巻いてかがり留める。

四角をかがる

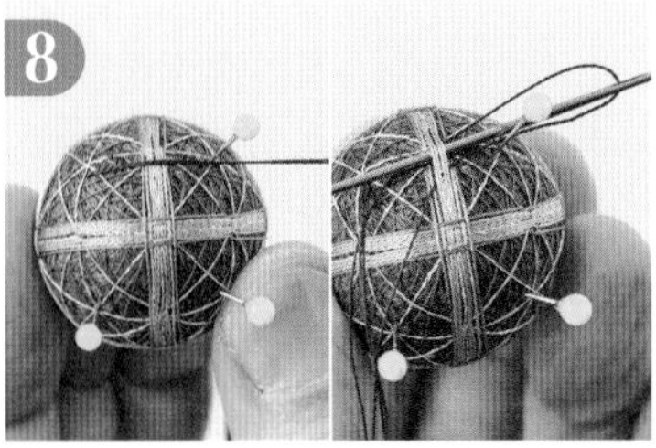

8等分の組み合わせでできる四角形の内側にまち針を打つ。糸Eをまち針のひとつ、補助線の右から出す。カーブをつけるため帯の中心4段にだけ糸をくぐらせる。

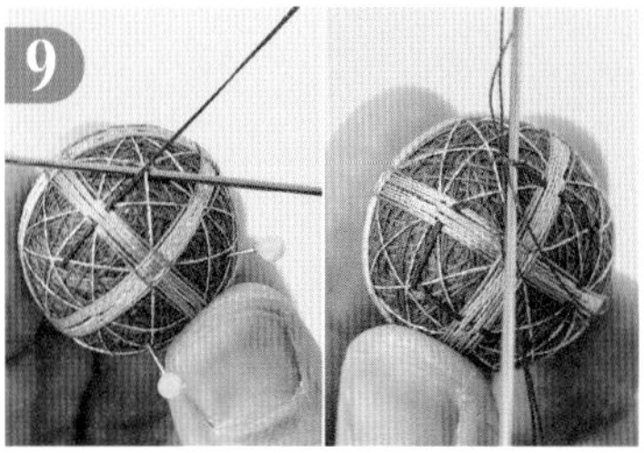

隣のまち針に針を入れ、8と同じ要領で四角形をかがっていく。最後の1針は針穴のほうから糸をくぐらせ、糸の重なりをそろえる(→P.50)。

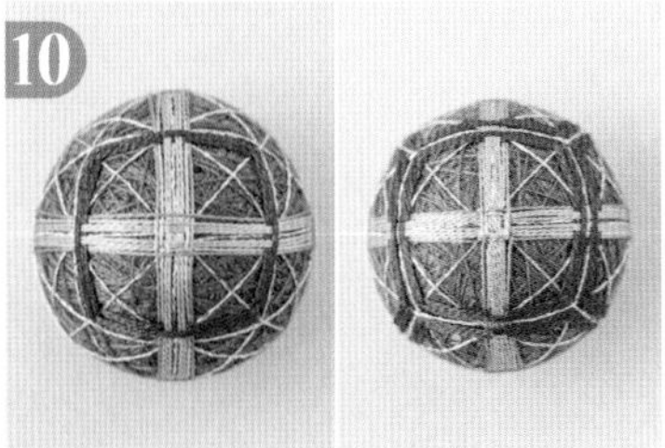

2段めは帯をくぐらずにかがり、同じ要領で6ヵ所の四角形をかがる。

花をかがる

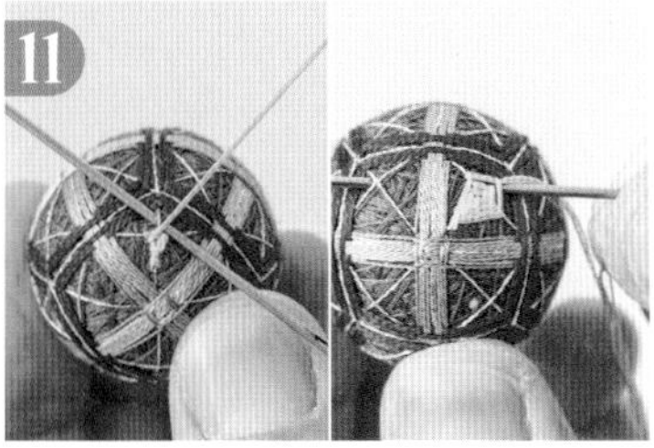

糸Fを用意し、柱の交点の位置で菱形に3段かがる。

おしべをつくる

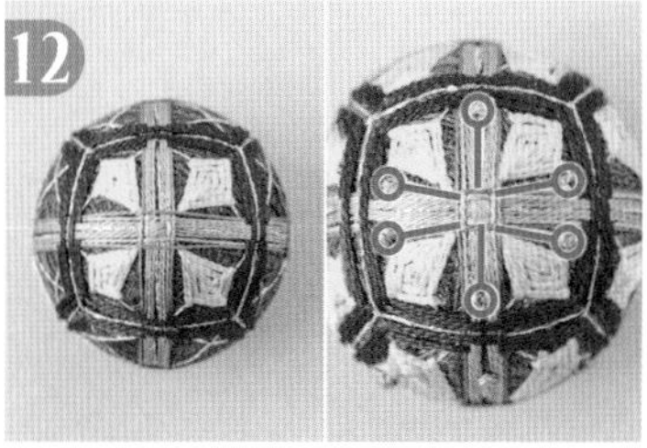

11の要領でひとつの四角形につき4つの菱形をかがり、糸Gで青線の位置に刺しゅう、青丸の位置にフレンチノットステッチ(→P.53)をする。

藪枯らし《ヤブガラシ》

完成 －P.28

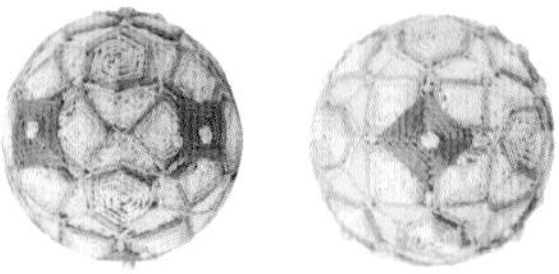

8等分の組み合わせでできる四角形のなかに、細かく菱形をかがっていくことでかたちづくるモチーフです。補助線を入れてから作業をします。

土台まり

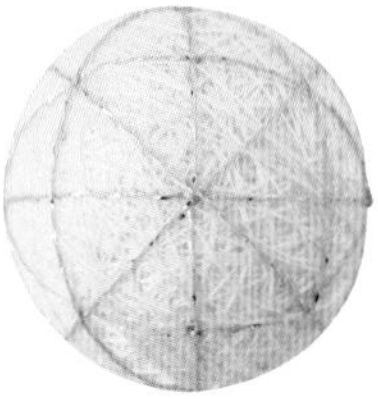

円周8cm

地巻き	…黄色
地割り	…8等分の組み合わせ（P.45）
地割り糸	…エンゼルキング ラメックス[36]

材料と配色

補助線	A エンゼルキング ラメックス[36]	
花	B 都羽根絹手ぬい糸[158]	3段
	C 都羽根絹手ぬい糸[159]	2段
	D 都羽根絹手ぬい糸[119]	1段
花盤	E ニコニコ純絹糸[84]	5段
六角形	C 都羽根絹手ぬい糸[159]	4段
	D 都羽根絹手ぬい糸[119]	1段
おしべ	F 都羽根絹手ぬい糸[16]	フレンチノット

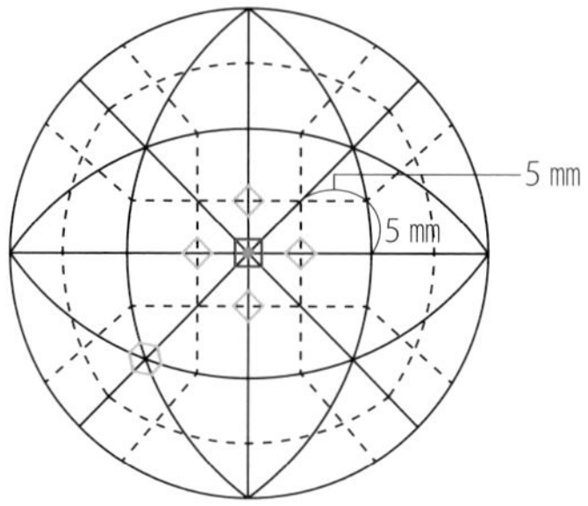

補助線を入れる

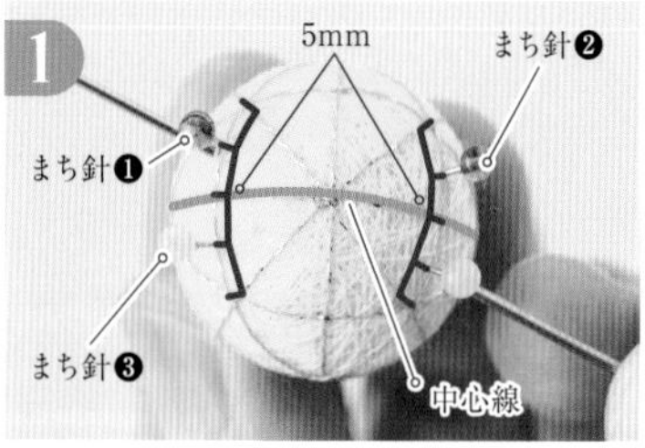

8等分の組み合わせでできる四角形の頂点から5mmの位置にまち針を打つ。反対側も同様にし、計8ヵ所まち針を打つ。このとき、中心線からも均等に5mmとなるようにする。

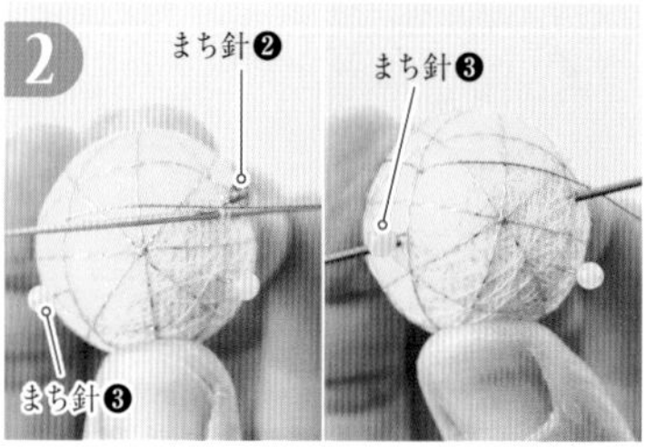

1本どりの地割りと同じ糸A（ここでは紫の糸を使用）をまち針❶の左から出す。まち針❷の地割り線をかがり、反対側の青いまち針へと進める。1周したらまち針❸から出す。

同様にピンクのまち針を打った位置もかがり、2本めの補助線を入れる。

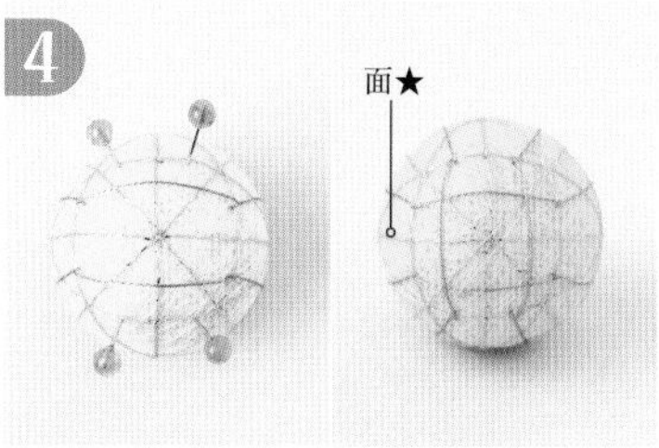

1と同じ要領で、今度は縦方向にまち針を打ち、2～3の要領で3本め、4本めの補助線（ここではピンクの糸を使用）を入れる。

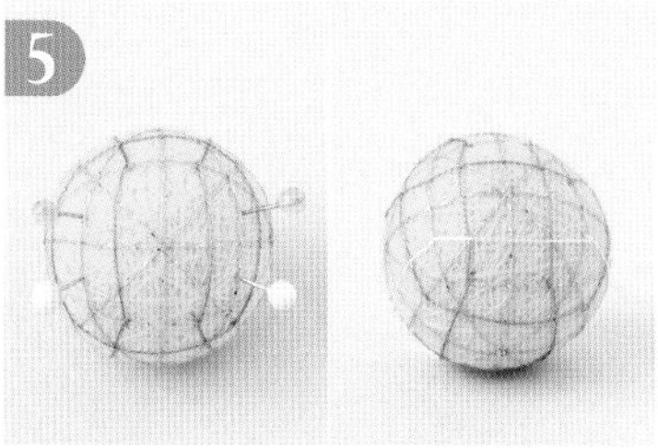

4の右側の写真の面★の位置を正面に向け、90度回転させて1と同じ要領で4ヵ所まち針を打つ。2～3の要領で5本め、6本めの補助線を入れる（オレンジと白の糸）。

四角形をかがる

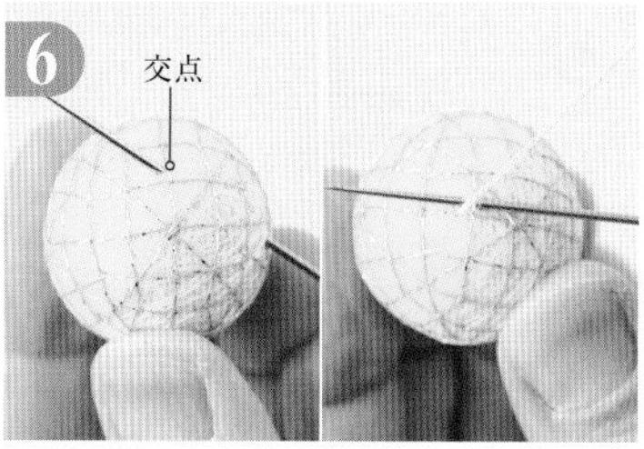

補助線と中心線の交点の糸の幅分ずらした位置に糸Bを通した針を入れて四角形を3段かがる。

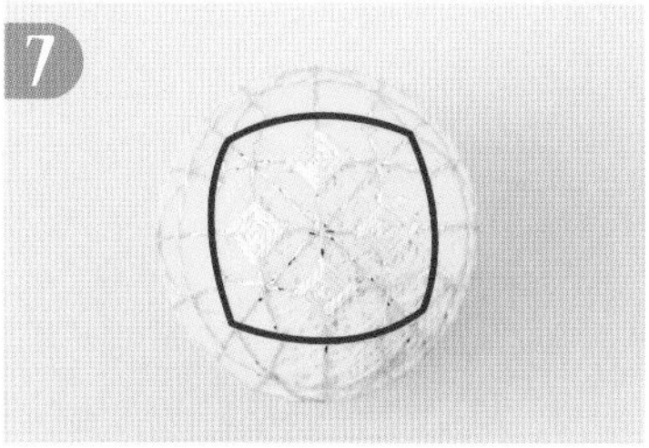

8等分の組み合わせでできる四角形のなかに、6の四角形を4つかがる。

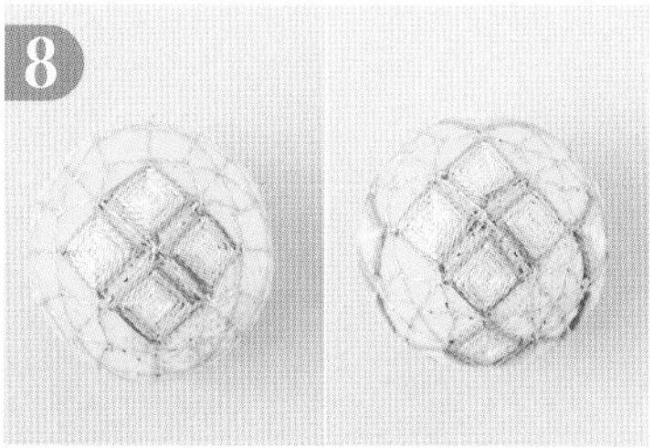

糸Cで2段、糸Dで1段、計6段かがる。すべての四角形の面(6面)に対して同様にし、計24個の四角形をかがる。

花盤をかがる

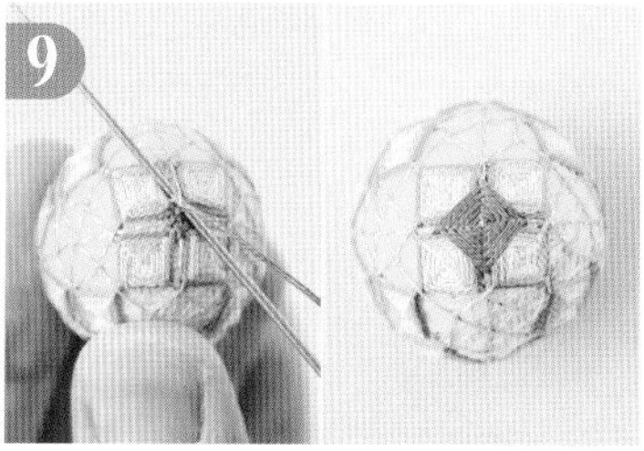

8でかがった花びらの中央に糸Eで四角形を5段かがり、全面に花盤をかたちづくる。

六角形をかがる

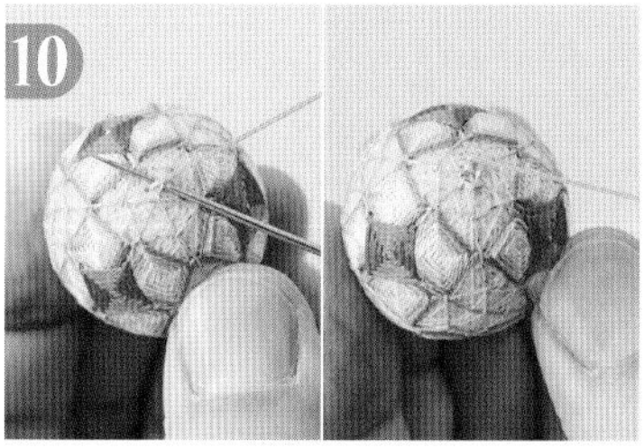

糸Cを用意し、花びらの隙間に六角形を4段かがる。

糸Dを用意し、六角形をさらに1段かがってモチーフを仕上げる。

おしべをつくる

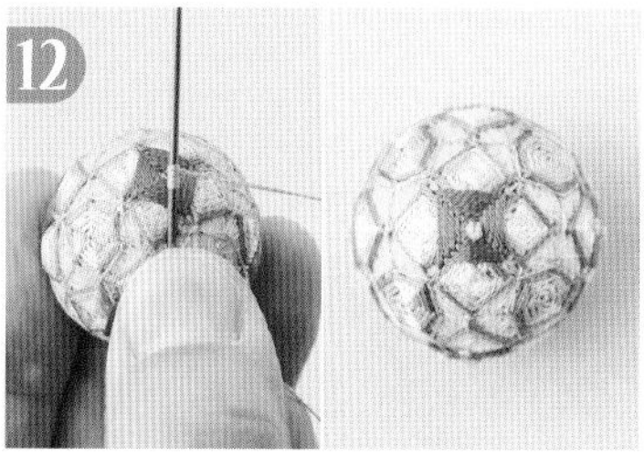

糸Fを用意し、各花盤の中央と辺の4ヵ所にフレンチノットステッチ（→P.53）をする。

母子草《ハハコグサ》

完成 ─ P.29

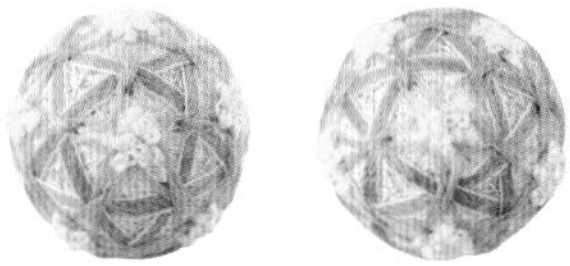

帯を6ヵ所巻いて茎と葉が広がる様を表現。10等分の組み合わせでできる五角形を利用し、ウールのような刺しゅう糸で花をかがり柔らかなイメージに。

土台まり

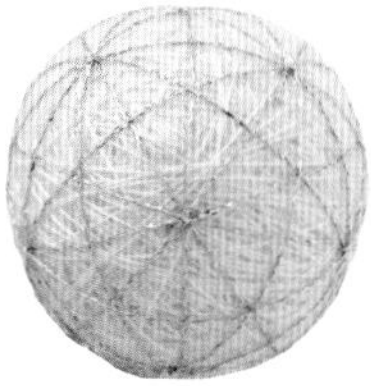

円周8cm

地巻き	…生成
地割り	…10等分の組み合わせ（P.46）
地割り糸	…カントリーママ メタリックスレッド［801］

材料と配色

帯	A	エンゼルキング ソフエル［369］	中心5段（1本どり）
	B	エンゼルキング ソフエル［315］	外側各1段（1本どり）
ガク	C	エンゼルキング フィールソフト［1367］	1段
花	D	エンゼルキング ソフエル［27］	フレンチノット

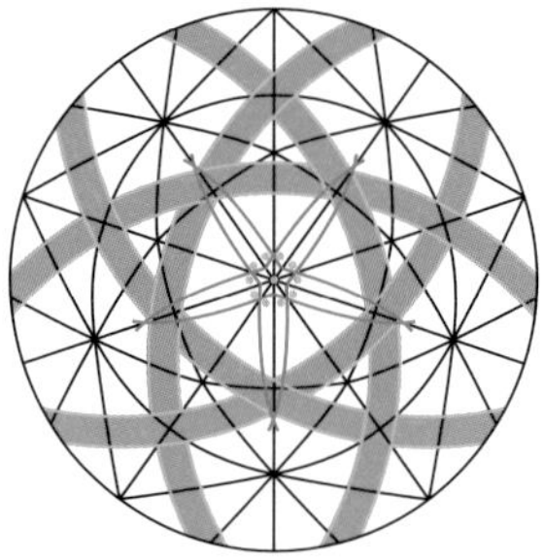

帯を巻く

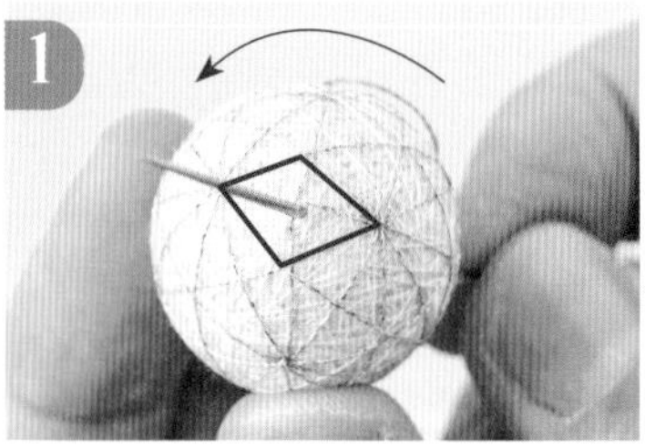

糸Aを1本どりで用意し、10等分の組み合わせでできる菱形の中心の下から針を出し、土台を90度回転させる。

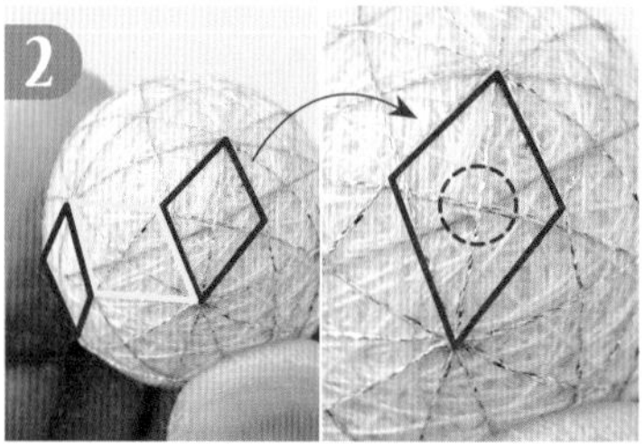

菱形の中心を通るように糸を沿わせ、黄色の菱形は飛ばして隣の菱形の中心で2mmほどかがる。

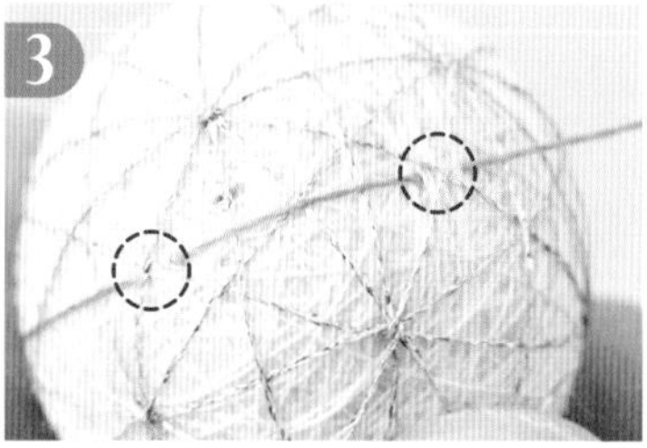

同じ要領で、菱形ひとつおきに中心を2mmほどかがる。

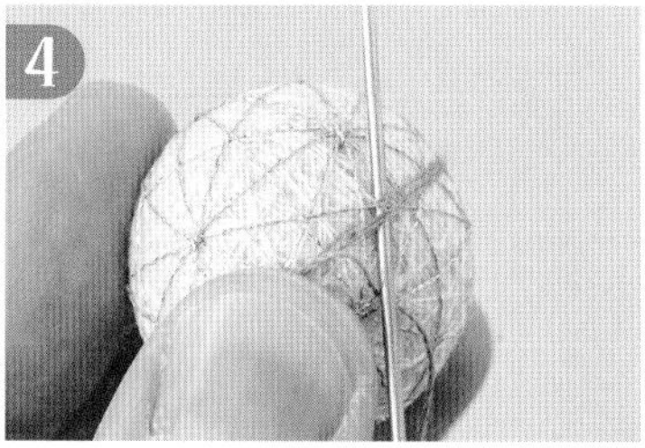

中心1段をかがったら、右側に2段、糸を巻き、地割り糸の下に針を入れてかがり留める。

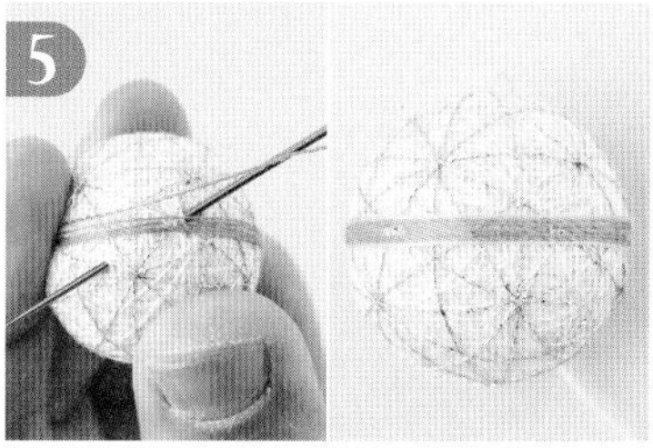

左側も同様に2段巻き、土台ごとかがり留めて適当なところから針を出す。糸Bを1本どりで両側に1段ずつ巻く。1本めの帯の完成。

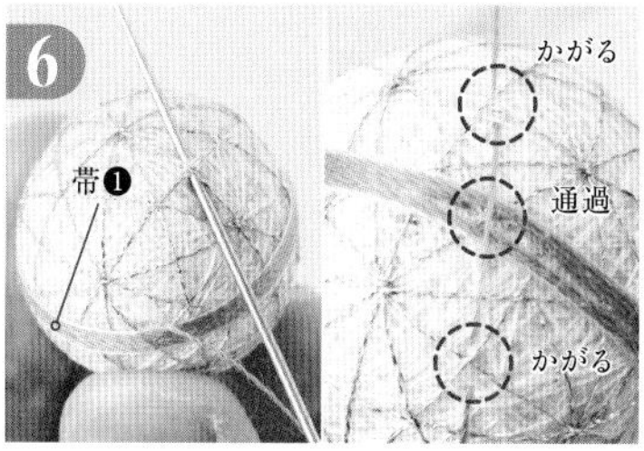

菱形の対角線がある帯❶の下から糸を出し、2～5と同じ要領で帯❷を巻いていく。このとき、帯❷が帯❶の上を通ってクロスするよう、写真のようにかがる。

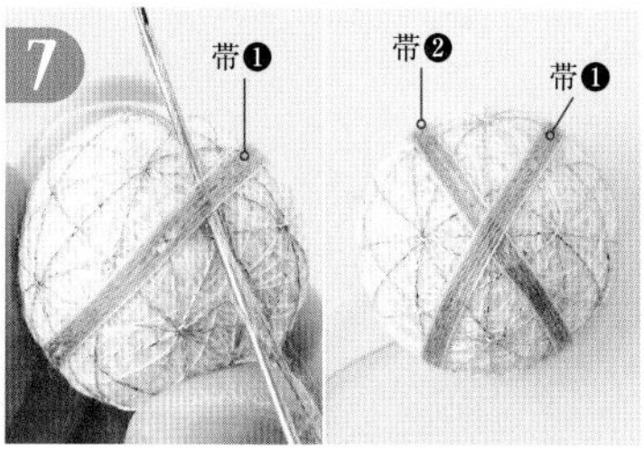

反対側は6とは逆に、針穴のほうから糸をくぐらせて、帯❷が帯❶の下にくるようにする。2本めの帯の完成。

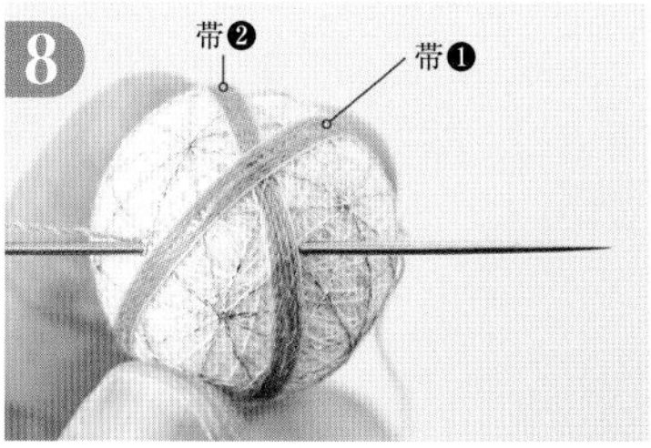

3本めの帯は、帯❶でかがった菱形の点の際から針を入れ、帯❷で通過した菱形の中心から針を出す。

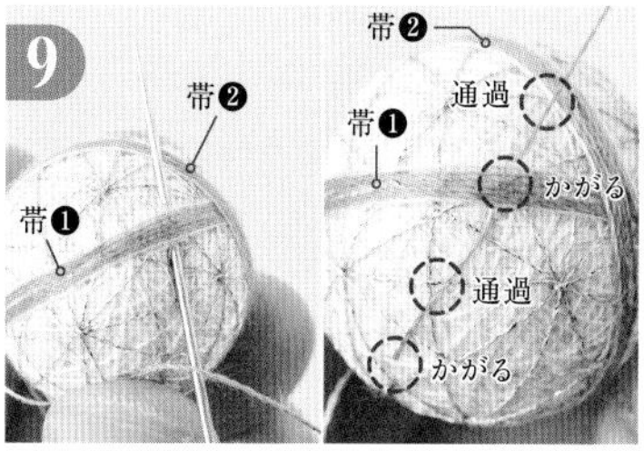

同じ要領でかがる→通過→かがる→通過と交互になるようにし、帯❶は土台ごとかがり、帯❷は通過となる。

ガクと花をかがる

同じ要領を繰り返して、計6本の帯を巻く。

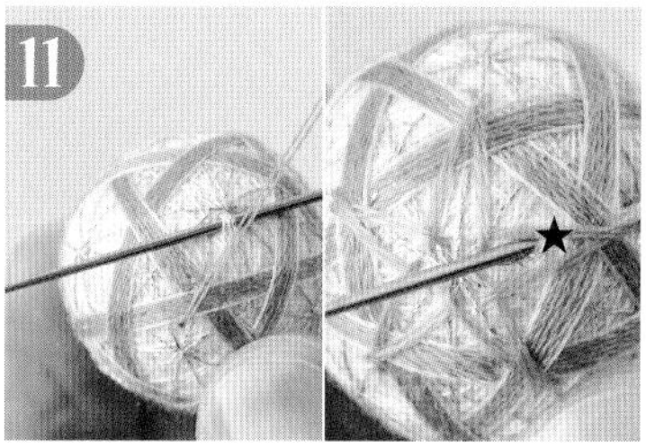

糸Cを帯の交点に出し、五角形の中心、対角線を右から左に針を入れる。千鳥かがり(→P.51)をし、帯の交点(★)から針を出す。

すべての五角形にガクをかがったら、糸Dでフレンチノットステッチ(→P.53)を好みの数して花を描く。

傍食《カタバミ》

完成 ―P.30

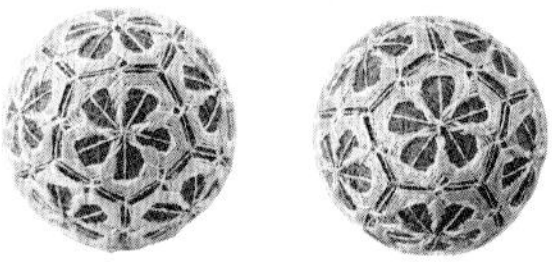

10等分の組み合わせに補助線を入れ、5枚の花びらが浮き上がるようかがっていきます。地割りの糸自体もモチーフの一部となります。

土台まり

円周8cm

地巻き …緑

地割り …10等分の組み合わせ（P.46）

地割り糸 …カントリーママ メタリックスレッド［801］

材料と配色

※すべて1本どり

補助線	A ニコニコ純絹糸［37］	
花のりんかく（12ヵ所）	A ニコニコ純絹糸［37］	
北極（1ヵ所）	B ニコニコ純絹糸［147］	3段
	C エンゼルキング ラメステージ［736］	1段
北極下（5ヵ所）	D 都羽根絹手ぬい糸［65］	3段
	C エンゼルキング ラメステージ［736］	1段
南極上（5ヵ所）	E 都羽根絹手ぬい糸［16］	3段
	C エンゼルキング ラメステージ［736］	1段
南極（1ヵ所）	F 都羽根絹手ぬい糸［176］	3段
	C エンゼルキング ラメステージ［736］	1段

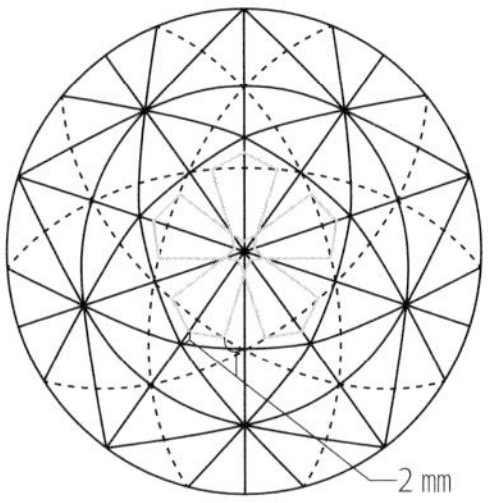

補助線を入れる

10等分の組み合わせでできる菱形の中心にまち針を打ち、1本どりした糸Aを際から出し、菱形の中心を通りながら糸を1周巻いてまち針に引っ掛ける（ここではピンクの糸を使用）。

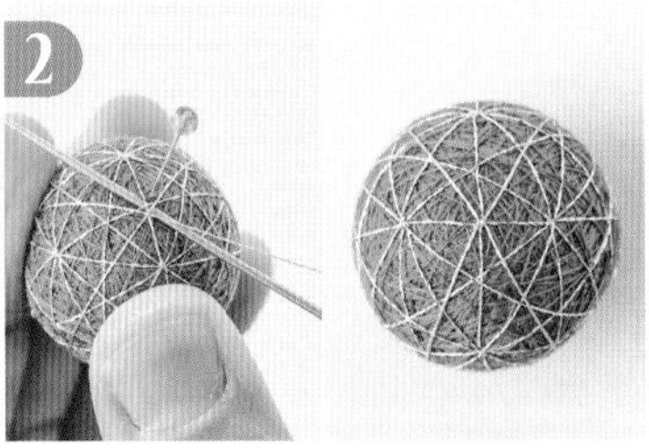

今度は1で1周した糸に対してクロスするよう糸を1周させ、菱形の中心で糸をかがって留める。

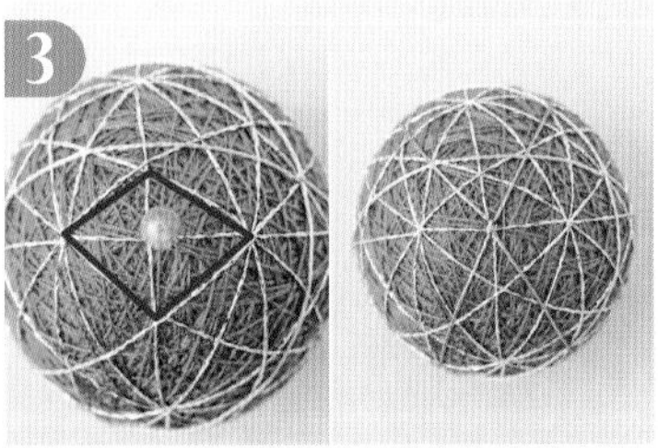

隣の菱形の中心にまち針を打ち、1〜2と同じ要領で補助線を入れる（ここでは青の糸を使用）。

花をかがる

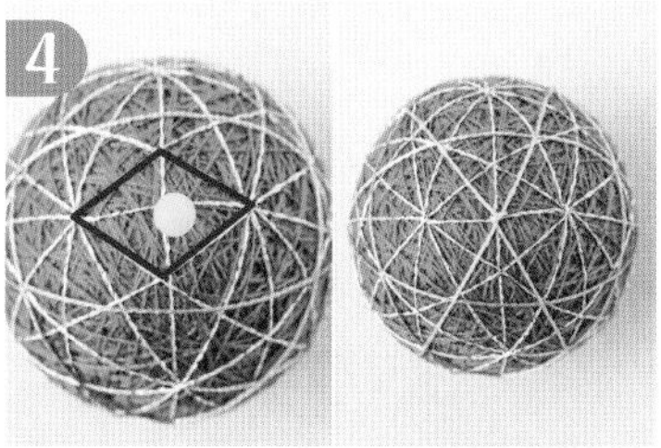

1～2で入れたピンクの補助線、3で入れた青の補助線の中心にある菱形にまち針を打ち、同様にして補助線を入れる（ここでは黄色の糸を使用）。

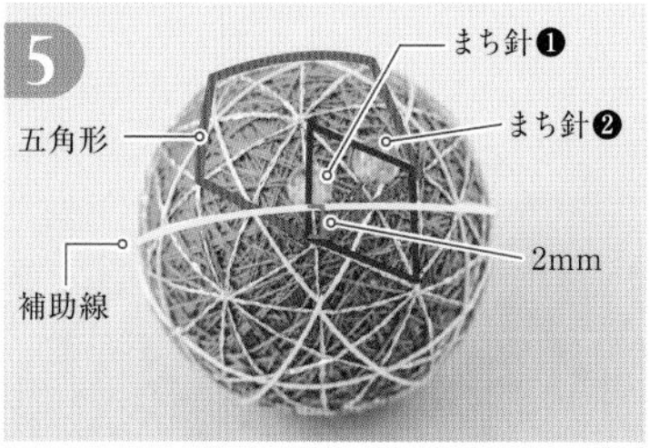

菱形の中心と、五角形の角から補助線に向かった2mmの位置にまち針を打つ。

5で打ったまち針❶から補助線と同じ糸Aを1本どりした針を出し、まち針❷へ針を入れて、補助線をかがる。

五角形の中心（短い対角線）の際をかがる。

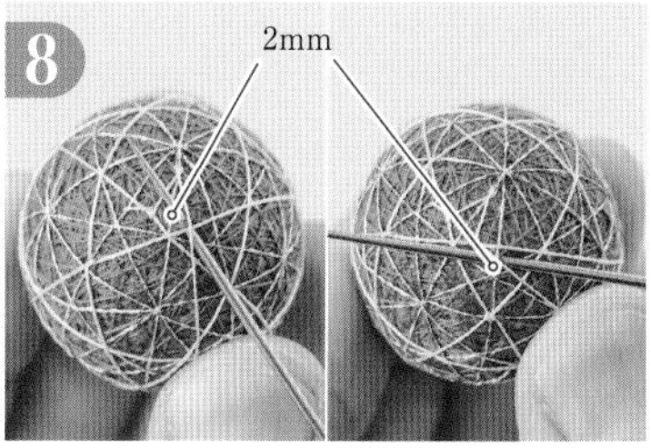

同様にして補助線から2mmの位置で、千鳥かがり（→P.51）の要領でかがっていく。

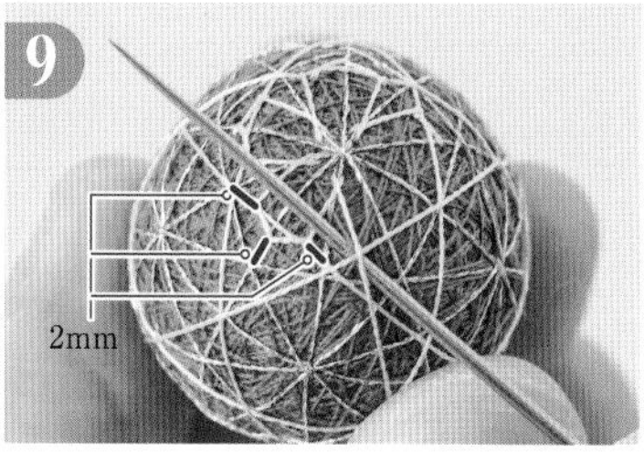

交点から2mmの位置でかがって、きれいな花模様になるよう意識する。

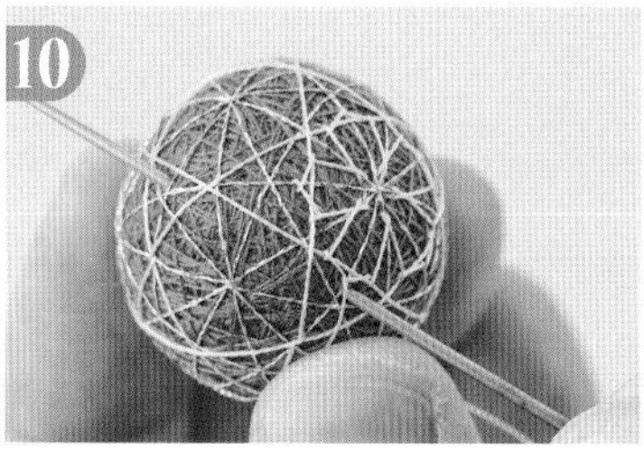

ひとつの花を1段かがり終えたら、次の五角形から針を出す。

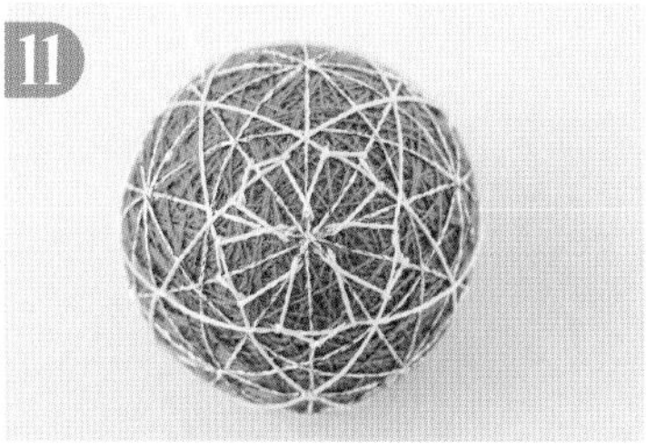

1段めをかがり終えたところ。同様に花のりんかくを11ヵ所かがる。

両極とそのまわりの五角形を配色表の通りかがる。

姫蔓蕎麦《ヒメツルソバ》

完成 －P.34

10等分の組み合わせでできる菱形と十角形を順番にかがり、金平糖のような姫蔓蕎麦をかたちづくります。十角形は円のようにかがると模様が美しくなります。

土台まり

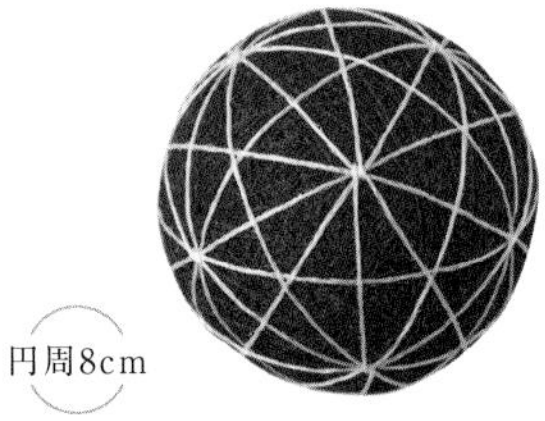

地巻き …真紅色

地割り …10等分の組み合わせ
（P.46）

地割り糸 …エンゼルキング
ソフトライズ800F［1］

材料と配色

※すべて1本どり

菱形	A 都羽根絹手ぬい糸［163］	1～2段め
	B 都羽根絹手ぬい糸［162］	3段め
	C ニコニコ純絹糸［158］	4段め
	D ニコニコ純絹糸［157］	5段め
	E エンゼルキング ラメステージパール［1261］	6段め
十角形	F 都羽根絹手ぬい糸［167］	1～6段め
おしべ	G ニコニコ純絹糸［137］	

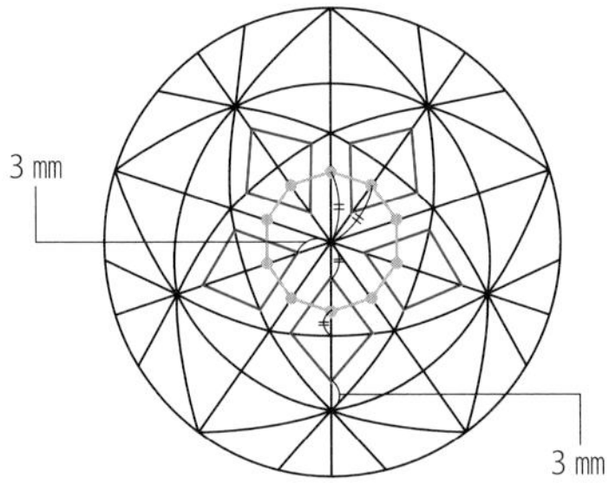

菱形をかがる

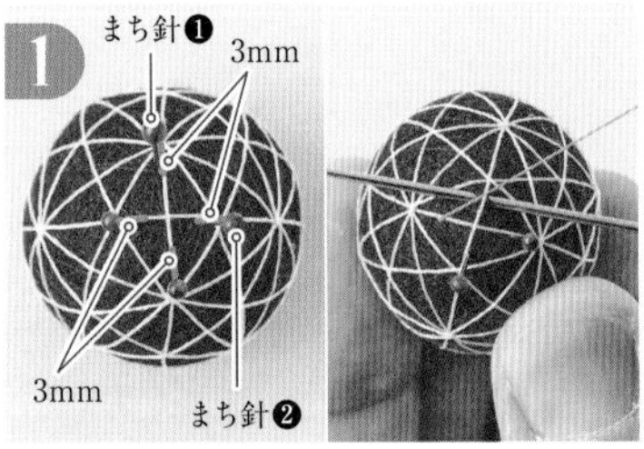

10等分の組み合わせでできる菱形の頂点から3mmの位置にまち針を打つ。まち針❶から糸Aを1本どりに通した針を出し、❷の位置から針を入れて地割りの糸をすくいながら菱形にかがる。

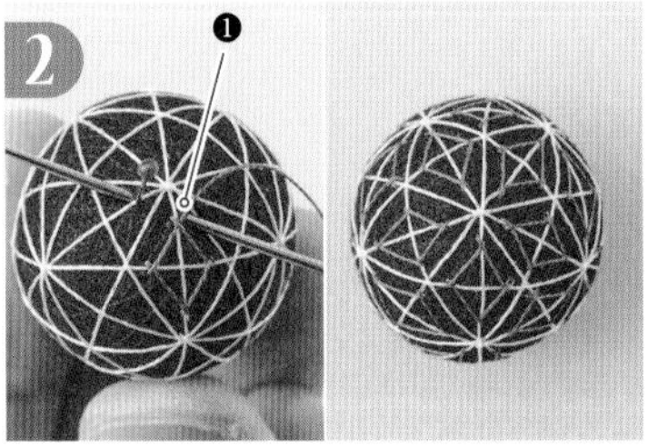

1周したら、針穴のほうから入れて糸の重なりをそろえる（→P.50）。❶の位置に針を入れ、隣の菱形の頂点から3mmの位置に針を出す。全部で30ヵ所菱形をかがる。

十角形をかがる

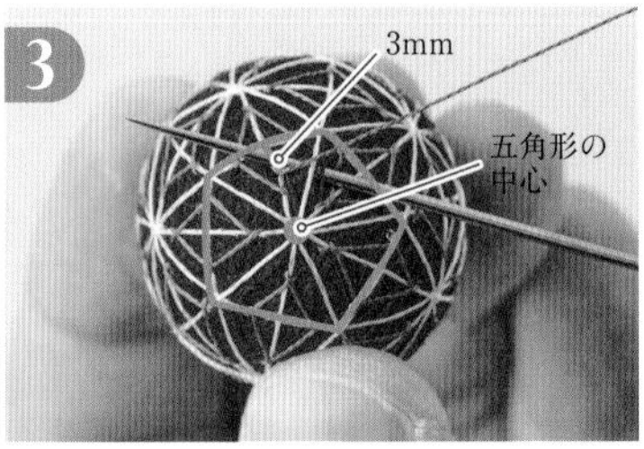

菱形の中心から3mm下の位置に糸Fを1本どりで通した針を出し、隣の地割りの糸をすくう。その際、五角形の中心からかがる点までの長さがそろうよう注意する。

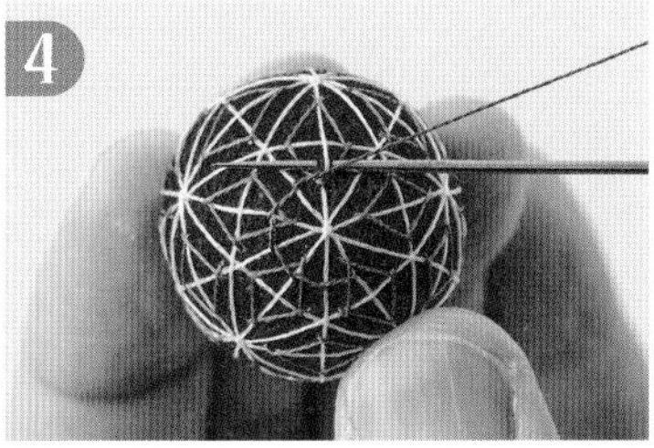

隣の地割りの糸へとかがり進める。10本の地割り線をかがるが、十角形というより、円に見えるよう意識してかがっていく。

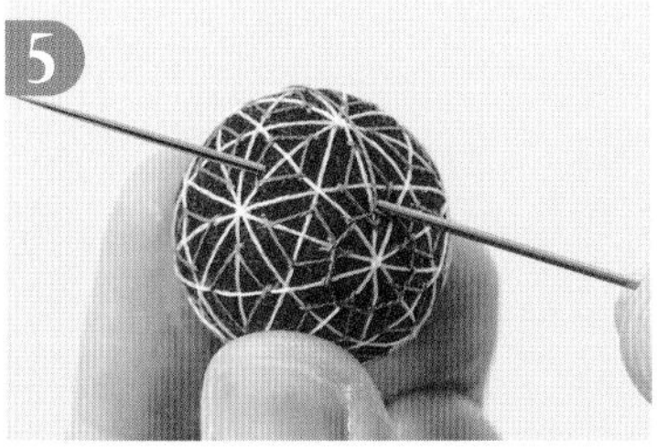

1周したら、針穴のほうから入れて糸の重なりをそろえる(→P.50)。スタート位置に針を入れて、ふたつめの十角形の頂点から針を出す。

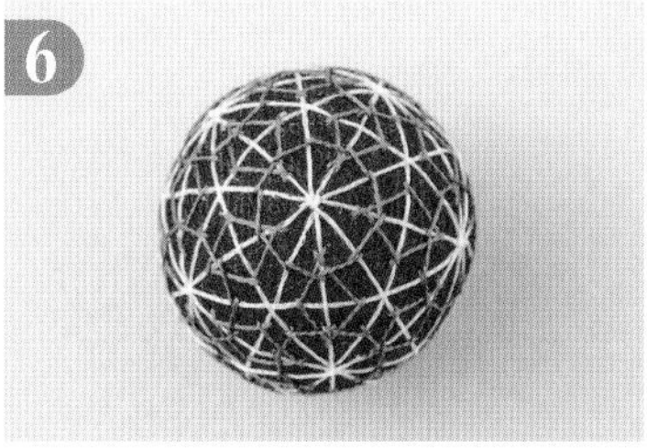

3～5を繰り返し、全部で12ヵ所の十角形をかがる。

2段め以降をかがる

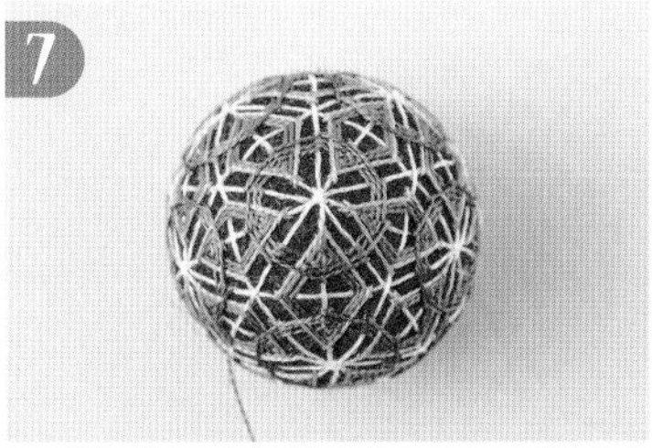

1～6を繰り返し、3段めまでかがったところ。

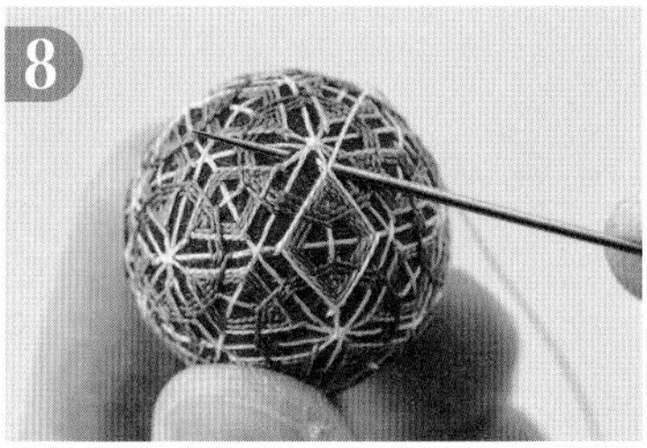

糸Cを1本どりで用意し、4段めの菱形をかがる。

Point

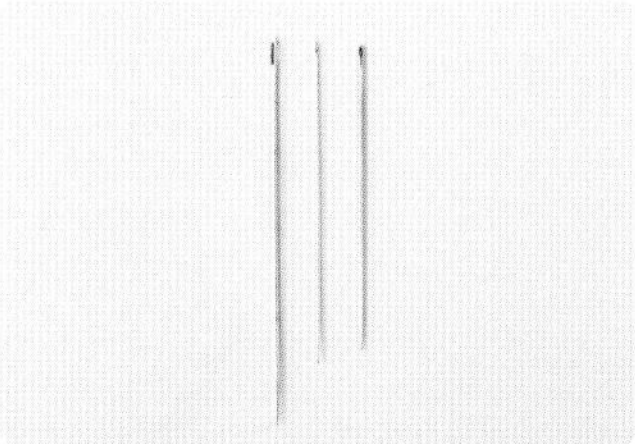

段が進んで細かくなってきたら、細い針に変えるとかがりやすい。

同じ要領を繰り返して、6段めまでかがったところ。

おしべを刺しゅうする

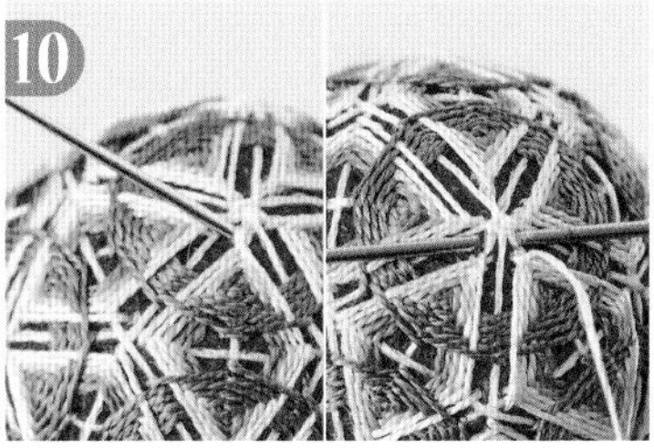

糸Gを1本どりにし、菱形と菱形の間に見える地割り線から針を出す。おしべになるようランダムに8ヵ所刺しゅうする。

Point

三角形や四角形は逆回りでもOK

かがる際は、右方向ではなく左方向に針を進めてもOK。ただしかがる方向は統一すること。

胡瓜草《キュウリグサ》

完成 —P.32

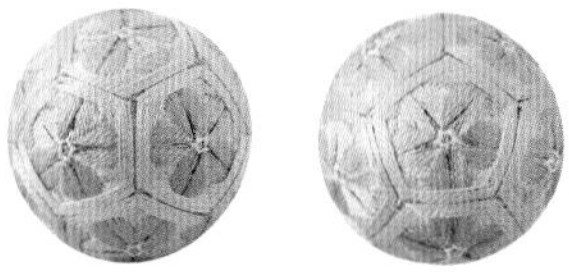

10等分の組み合わせでできる五角形と三角形を順番にかがり、小花を描いていきます。P.74の夕化粧の分割違いの模様です。

土台まり

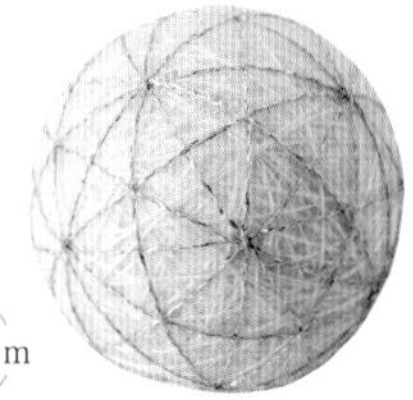

地巻き	…薄黄色
地割り	…10等分の組み合わせ（P.46）
地割り糸	…カントリーママ メタリックスレッド［801］

材料と配色

五角形	A ニコニコ純絹糸［8］	2段（2本どり）、9段（1本どり）
三角形	A ニコニコ純絹糸［8］	1段（2本どり）
	B 都羽根絹手ぬい糸［171］	7段（1本どり）
	C エンゼルキング ラメステージ［774］	1段（1本どり）
花の中心	D 都羽根絹手ぬい糸［176］	1段（1本どり）

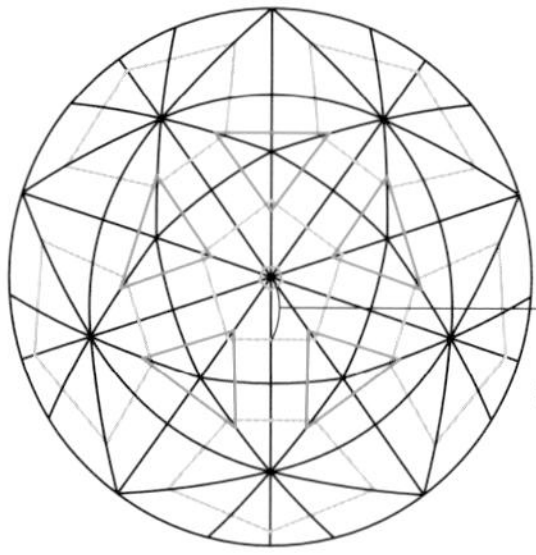

1段めの五角形をかがる

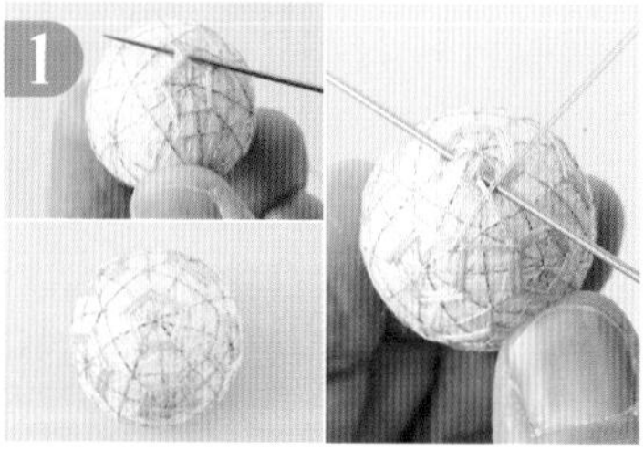

糸Aを用意し、北極から5mmの位置で五角形2段を12ヵ所かがる。同じく五角形の角と角を結ぶように三角形を1段かがる。全部で20ヵ所かがる。

2段め以降をかがる

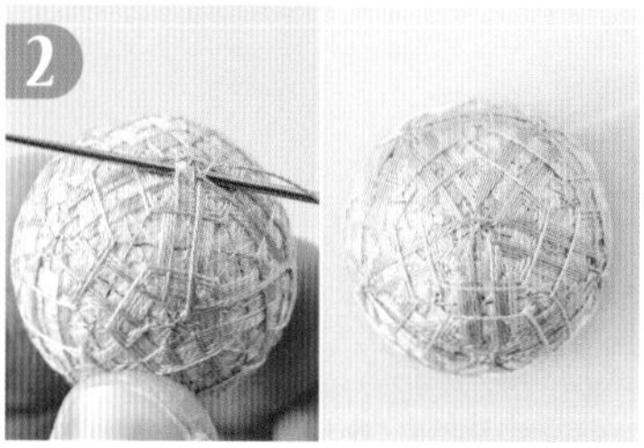

なだらかなカーブになるよう糸を1本どりにし、糸Aで五角形1段→糸Bで三角形1段を各2回、五角形1段→三角形2段、五角形1段かがる。

仕上げをする

三角形3段、糸Cに替えて三角形を1段かがる。同じ要領を繰り返し五角形を5段かがると花の模様が浮き上がる。花の中心に糸Dで五角形を1段かがる。

亜米利加風露《アメリカフウロ》

完成 ―P.33

P.86の姫蔓蕎麦に三角形が加わった応用の模様。菱形→三角形→十角形の順に土台が埋まるまでかがります。図案通りになるよう正確に測るのが、美しく仕上げるコツです。

土台まり

円周8cm

地巻き …紺青色

地割り …10等分の組み合わせ（P.46）

地割り糸 …カントリーママ メタリックスレッド［803］

材料と配色

※すべて1本どり

菱形	●	A 都羽根絹手ぬい糸［152］	1～6段め
三角	●	B 都羽根絹手ぬい糸［15］	1段め
	●	C 都羽根絹手ぬい糸［127］	2～3段め
	●	D 都羽根絹手ぬい糸［215］	4段め
	●	B 都羽根絹手ぬい糸［15］	5段め
	●	C 都羽根絹手ぬい糸［127］	6段め
十角形	●	E 都羽根絹手ぬい糸［47］	1～6段め

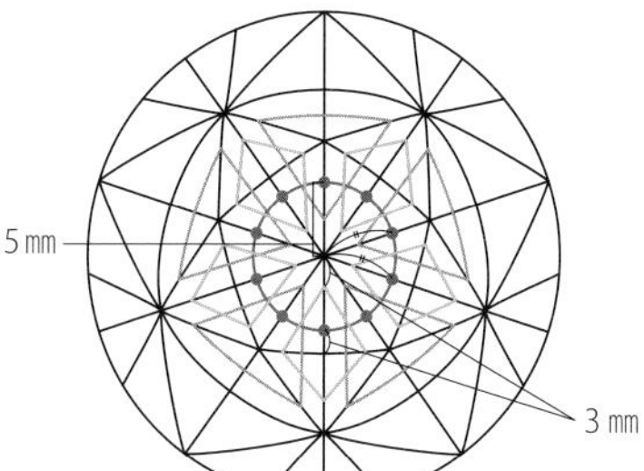

1段めをかがる

10等分の組み合わせでできる菱形の頂点から3mmの位置をかがる（全30ヵ所）。10等分の組み合わせでできる三角形の頂点から3mmの位置をかがる（全20ヵ所）。

三角形をすべてかがれたら、極から5mmほどの位置に長さをそろえて十角形をかがっていく。

2段め以降をかがる

1～2の要領で、菱形→三角形→十角形の順にかがり進めていく。

アレンジ 1 半球てまり

半球型で反対側はフラットになったてまり。ブローチなどに使います。

材料 ◯シャワー台 ◯キルト芯 ◯地巻き糸 ◯地割り糸

シャワー台の上に同じくらいの大きさにカットしたキルト芯を数枚乗せる。裏側は平らにしたいので、表側だけに乗せる。

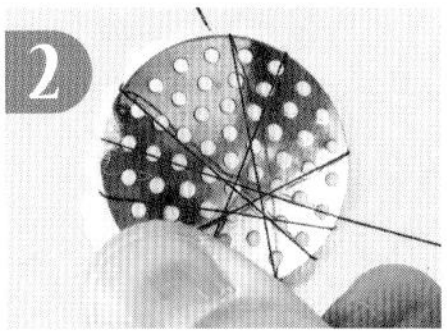

地巻き糸を巻く。厚みを出すために適宜キルト芯を重ねる。重ねるキルト芯はだんだん小さいものにすると、仕上がりに丸みが出る。

ページ左下「半球てまりメジャー」を印刷してカットし、2の中心と合わせ、線に沿ってまち針を10ヵ所打つ。

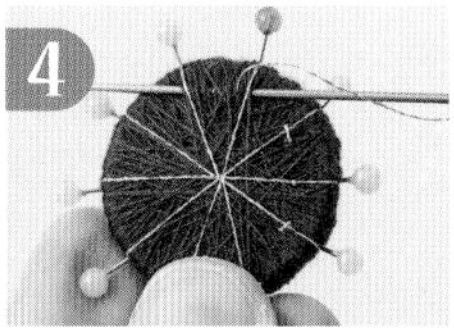

P.439～15と同じ要領で、地割り糸を巻く。すべてのまち針を通ったら、裏側に返し、柱の糸を1本1本かがって留めていく。

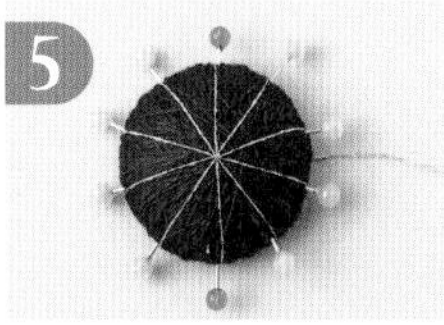

10等分の半球てまりの完成。

アレンジ 2 碁石型てまり

材料

◯シャワー台 ◯キルト芯

◯地巻き糸 ◯地割り糸

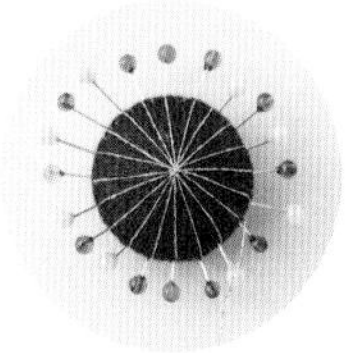

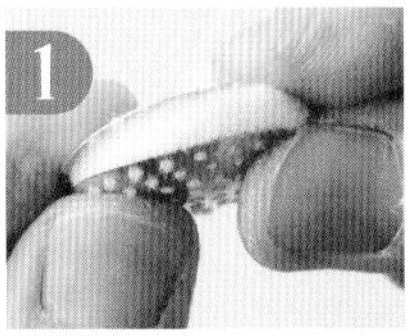

キルト芯をシャワー台2枚でサンドする。

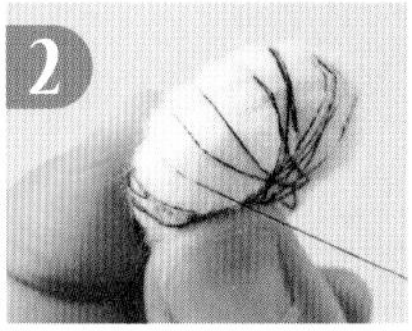

シャワー台のまわりにもキルト芯を適量重ね、地巻きの糸を巻いていく。

半球てまりメジャー

20等分の場合は、このメジャーのメモリをさらに半分に割ってつくる。

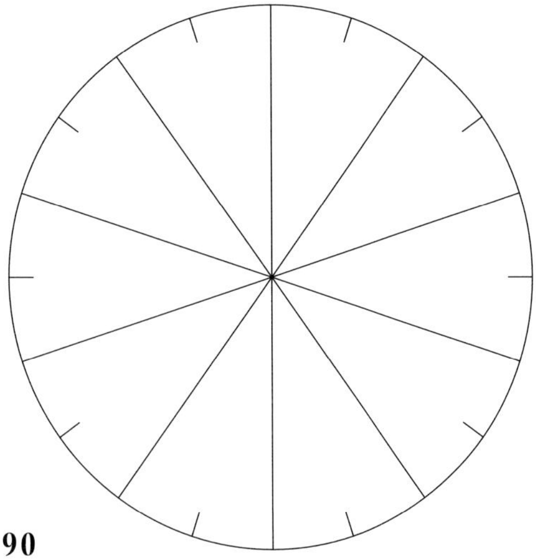

アレンジ 3 パーツを通す

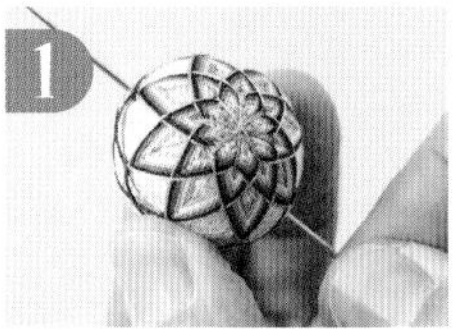

てまりの中心（帯の中心）に針をさし、ゆっくり押し出すよう針を貫通させる。

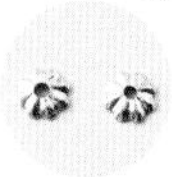

花座などとよばれるビーズキャップをピンとてまりの間に入れると、ピンが抜けづらくなる。

パーツ（ここでは9ピン）を穴にさし入れる。通らない場合はキリなどを使って穴をあけるとよい。

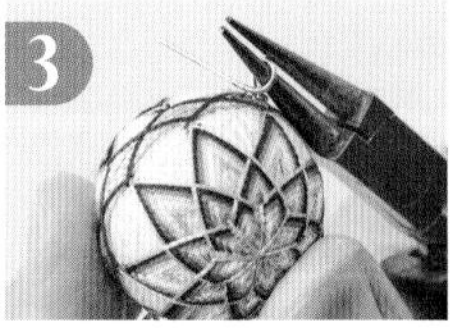

丸ペンチなどでピンの根本をつかみ、丸める。余ったピン先はニッパーで切る。

アレンジ 4 指輪にする

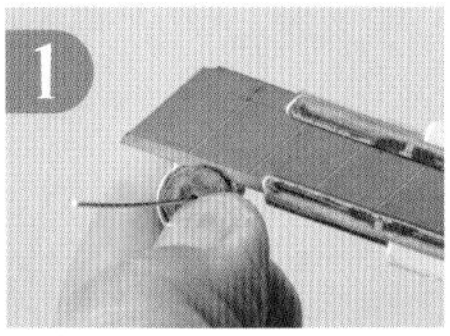

樹脂粘土を適量入れ、Tピンなどを中心にさす。はみ出た粘土はカットする。

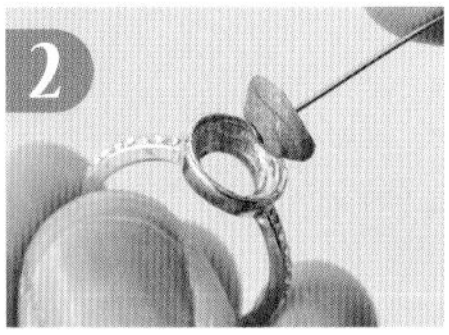

1を台座から外し、120～130℃のオーブンで15～20分焼く。乾燥したらボンドを塗った台座に貼る。

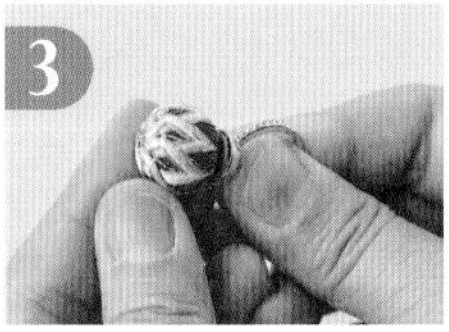

2を台座に戻し、中心に穴を開けボンドを塗ったてまりをさす。

風車のネックレス

P.7

てまり　円周4cm　8等分地割り

地巻き糸　…A→桃色／B→紺
地割り糸　…カントリーママ メタリックスレッド［801］

材料

てまり…1個
チェーン(45㎝)…1本
Cカン(5mm) …2個
アジャスター (6cm)…1個
ヒキワ(6mm)…1個
ダブルリングバチカンドロップ…1個
デザイン丸カンツイスト(6mm)…1個
ガラスビーズ(青)…1個
デザインピン丸…1本

	A	B	
花	ニコニコ純絹糸［16］	都羽根絹手ぬい糸［148］	1段
	フジックス ティアラ［505］	フジックス ティアラ［503］	3段
	金糸1掛	金糸1掛	1段
帯	ニコニコ純絹糸［115］	都羽根絹手ぬい糸［144］	4段
	金糸1掛	金糸1掛	千鳥かがり

1. 風車(→P.56) を参考に、すべて1本どりでてまりをつくる(スタート地点は赤道から3mm地点)。
2. ダブルリングバチカンドロップにてまりを取りつける。位置はなるべく下側に。
3. イラストのようにパーツを組み合わせてネックレスをつくる。
4. ガラスビーズにデザインピンを取りつけたものと2をデザイン丸カンでつなげ、チェーンを通す。

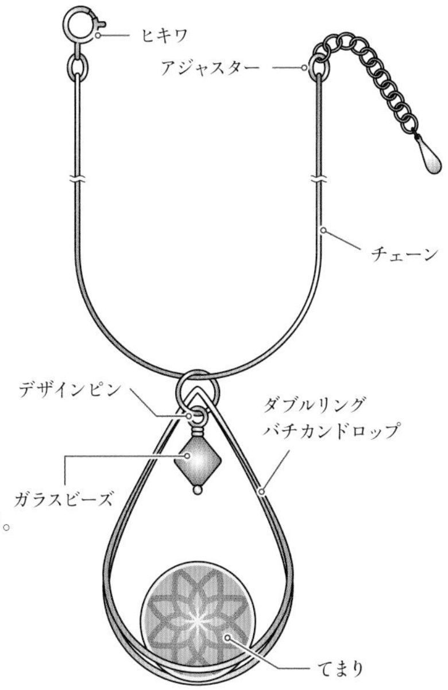

花桃のブローチ

P.11

てまり　円周 8.2cm　20等分地割り

地巻き糸　…プルシャンブルー
地割り糸　…カントリーママ メタリックスレッド［803］

材料

てまり(碁石型)…1個
シャワー台(25mm)…2枚
Cカン(3mm)…1個
Cカン(5mm)…1個
デザインピン丸…1本
淡水パール…1個
チャーム(リボン型)…1個
カブトピン…1個
デザインカン(6mm)…1個

都羽根絹手ぬい糸［128］	3段
都羽根絹手ぬい糸［127］	3段
エンゼルキング ラメステージ［758］	1段
羽根絹手ぬい糸［211］	3段
都羽根絹手ぬい糸［71］	3段
エンゼルキング ラメステージ［758］	1段

1. 花桃(→P.60) を参考に、碁石型のてまり(→P.90) をつくる(スタート地点は中心から5mm地点)。
2. てまりの上部にCカン5mmを、下部にCカン3mmを縫いつける。
3. 淡水パールにデザインピンを通したものを2につける。
4. 3にチャームをつけ、デザインカンでカブトピンをつける。

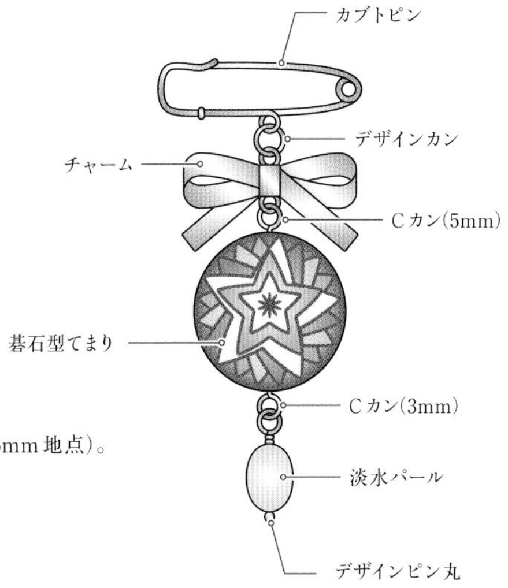

悪茄子のイヤリング

P.13

てまり	
円周 8.2cm	地巻き糸 …白
10等分地割り	地割り糸 …カントリーママ メタリックスレッド［802］

材料

半球てまり…2個
シャワーイヤリング（2.5cm）…1セット
淡水パール…2個
デザインピン…2本
9ピン…2本
アクリル半丸パール（3mm /4mm）…適量
スワロフスキークリスタル #2058SS5 ／
ブラックダイヤ…適量

エンゼルキング フィールソフト 黒	5段

1. 悪茄子（→P.62）を参考に半球てまり（→P.90）をつくる。
2. 9ピンを折り曲げながら1の裏側につける。
3. 淡水パールにデザインピンを通し2につける。
4. バランスを見ながら半丸パールやスワロフスキーを貼りつける。

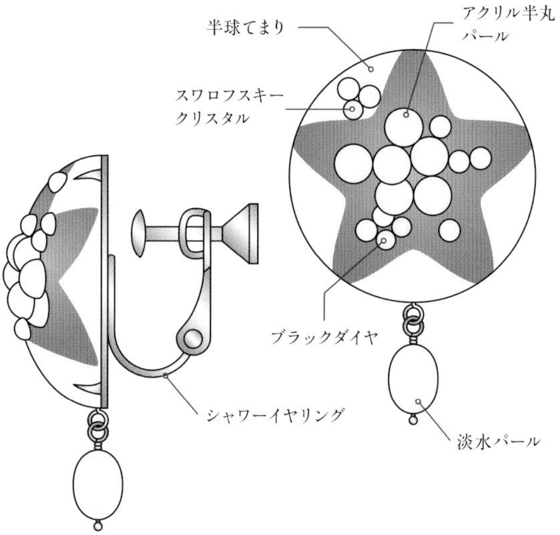

七変化のヘアバトン

P.19

てまり	
A →円周 8cm　12等分地割り	地巻き糸 …A →紫／ B →赤紫
B →円周 6cm　12等分地割り	地割り糸 …A →エンゼルキングラメックス［57］／ B →エンゼルキングラメックス［130］

材料

てまり…1個
ヘアバトン（A→8cm、B→6cm）…1本

A

菱型❶	都羽根絹手ぬい糸［201］	1段め
菱型❷と❻	都羽根絹手ぬい糸［43］	1段めと5段め
	都羽根絹手ぬい糸［11］	2～4段め
菱型❸と❺	都羽根絹手ぬい糸［11］	1段め
	都羽根絹手ぬい糸［103］	2～4段め
	都羽根絹手ぬい糸［113］	5段め
	エンゼルキング ラメステージパール［129］	6段め ※1本どり
菱型❹	都羽根絹手ぬい糸［83］	1段め
	都羽根絹手ぬい糸［43］	2段め、3段め
	都羽根絹手ぬい糸［75］	4段め、5段め
	エンゼルキング ラメステージパール［129］	6段め ※1本どり

B

菱型❶	都羽根絹手ぬい糸［100］	1段め
菱型❷と❻	都羽根絹手ぬい糸［78］	1段め
	都羽根絹手ぬい糸［170］	2段め
菱型❸と❺	都羽根絹手ぬい糸［144］	1段め
	都羽根絹手ぬい糸［103］	2段め
	都羽根絹手ぬい糸［99］	3段め
	都羽根絹手ぬい糸［100］	4段め
	エンゼルキング ラメステージ［603］	5段め ※1本どり
菱型❹	都羽根絹手ぬい糸［170］	1段め
	都羽根絹手ぬい糸［23］	2段め
	都羽根絹手ぬい糸［18］	3段め、4段め
	エンゼルキング ラメステージ［603］	5段め ※1本どり

1. 七変化（→P.70）を参考にてまりをつくる。
2. ヘアバトンにつける。

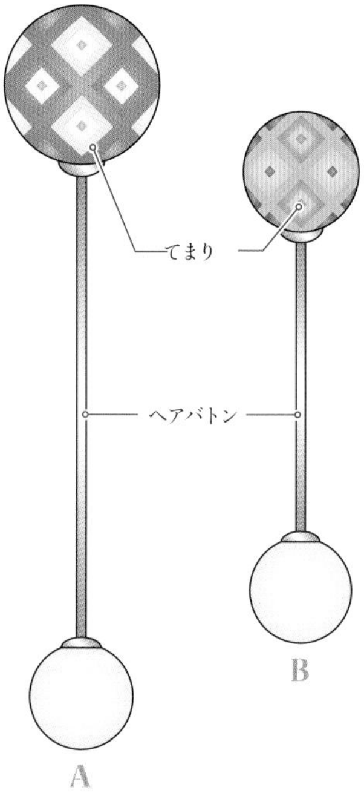

棲取草のリング

P.17

てまり
円周5cm
7等分地割り

地巻き糸 …灰色
地割り糸 …カントリーママ メタリックスレッド [802]

材料
てまり…1個
リング台…1個
スワロフスキークリスタルバーガンディーディライト#4480(6mm)…1個
Tピン…1本
樹脂粘土…少量

ニコニコ純絹糸[131]	各4段
都羽根絹手ぬい糸[43]	
都羽根絹手ぬい糸[214]	
ニコニコ純絹糸[16]	
都羽根絹手ぬい糸[168]	
都羽根絹手ぬい糸[129]	
都羽根絹手ぬい糸[163]	
エンゼルキング ラメックス[321]	1段

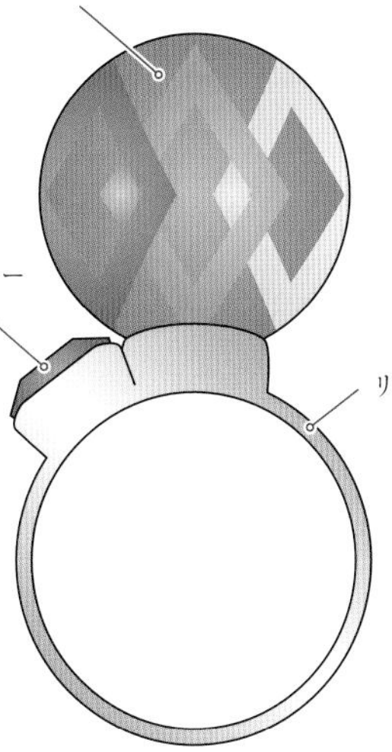

1. 棲取草(→P.68)を参考にてまりをつくる。補助線は北極から6mm。スタート地点は補助線と柱の交点から南極側のみ6mm地点、あとは3mm地点。柱ごとに色を変える。
2. P.90を参考に、リング台にてまりとスワロフスキーをつける。

姫女苑のグラスコード

P.21

てまり
円周4cm
8等分地割り

地割り …A→緑/B→黄緑/C→薄い黄緑
地割り糸 …カントリーママ メタリックスレッド [801]

材料
てまり…3個
淡水パール(9mm)…3個
ガラスカットビーズポインティッドトライアングル
クリスタルブルー 5×8mm…7個
ガラスカットビーズポインティッドトライアングル
クリスタルブルー 4×6mm…2個
メガネ留め…2個
9ピン…15本
花座(5mm)…12個
Cカン(5mm)…2個
チェーン(42cm)…1本

	A	B	C	
都羽根絹手ぬい糸	[16]	[23]	[18]	2段
エンゼルキング ラメステージ	[747]	[747]	[747]	2段
都羽根絹手ぬい糸	[65]	[215]		2段
ニコニコ純絹糸			[158]	2段
都羽根絹手ぬい糸	[28]	[95]	[95]	1段

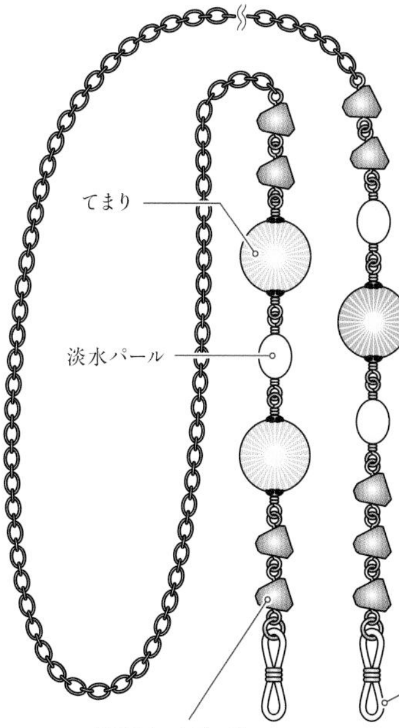

1. 姫女苑(→P.72)を参考に、A、B、Cのてまりをつくる(花びらのスタート地点は赤道から3mm)。
2. てまりの中心に穴をあけて花座と9ピンを通す。
3. 淡水パールに花座と9ピンを通す。
4. 2、3とガラスカットビーズ、チェーン、メガネ留めをつなげる。

長実雛罌粟のブローチ

P.23

てまり	円周 6.8cm 12等分地割り
地巻き糸	…黒
地割り糸	…エンゼルキング ラメックス [7] ※2本どり

材料
半球てまり…1個
シャワーブローチ(20mm) …1個

A		B	
都羽根絹手ぬい糸[1]	6段め	都羽根絹手ぬい糸[49]	6段め
都羽根絹手ぬい糸[71]	5段め	都羽根絹手ぬい糸[46]	5段め
都羽根絹手ぬい糸[161]	4段め	都羽根絹手ぬい糸[175]	4段め
エンゼルキング ラメックス[100]	2段め	エンゼルキング ラメックス[49]	2段め
ニコニコ純絹糸[86]	3段め	都羽根絹手ぬい糸[172]	3段め
都羽根絹手ぬい糸[215]	3段め	ニコニコ純絹糸[127]	3段め
エンゼルキング ラメックス[74]	2段め	ニコニコ純絹糸[34]	2段め
都羽根絹手ぬい糸[171]	2段め	エンゼルキング ラメックス[44]	2段め
都羽根絹手ぬい糸[174]	2段め	ニコニコ純絹糸[157]	2段め
都羽根絹手ぬい糸[214]	2段め	ニコニコ純絹糸[51]	2段め
エンゼルキング ラメックス[323]	2段め	エンゼルキング ラメックス[7]	2段め

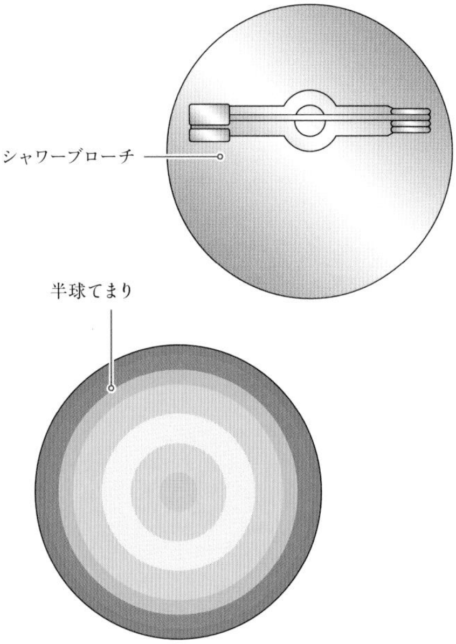

1. 長実雛罌粟(→P.71) を参考に半球てまり(→P.90) をつくる。
2. 接着剤をつけたシャワーブローチに1を貼りつけ、爪をなかに折る。

犬芥子のイヤリング

P.27

てまり	円周 5cm 8等分組み合わせ地割り
地巻き糸	…だいだい
地割り糸	…エンゼルキング ラメックス [744]

材料
てまり…2個
Tピン…2本
花座…4個
イヤリングフープ…1セット
Cカン(5mm)…2個
9ピン…6本
天然石ビーズ ルビー ラウンドカット(4mm)…2個
天然石ビーズ ペリドット ボタンカット(4mm)…2個
天然石ビーズ レモンクオーツ ダイスカット(6mm)…1個
天然石ビーズ ローズアメジスト ダイスカット(6mm)…1個

	A			B		
帯	都羽根絹手ぬい糸[163]		2段め	都羽根絹手ぬい糸[43]		2段め
帯	エンゼルキング ラメステージパール[1261]	1本どり	1段め	エンゼルキング ラメステージパール[1261]	1本どり	1段め
四角	エンゼルキング ラメステージパール[1261]	1本どり	1段め	エンゼルキング ラメステージパール[1261]	1本どり	1段め
四角	都羽根絹手ぬい糸[218]		2段め	都羽根絹手ぬい糸[218]		2段め
菱形	都羽根絹手ぬい糸[156]	1本どり	2段め	都羽根絹手ぬい糸[156]	1本どり	2段め
菱形	都羽根絹手ぬい糸[43]	1本どり	2段め	都羽根絹手ぬい糸[163]	1本どり	2段め

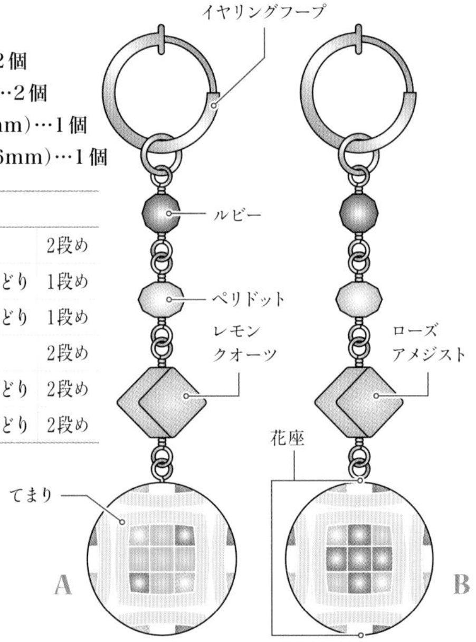

1. 犬芥子(→P.78) を参考にてまりをつくる。
2. てまりに穴をあけて花座、Tピン、花座を通す。
3. 9ピンを通した天然石とつなげ、Cカンでイヤリングフープに通す。

傍食の バッグチャーム

P.31

てまり
円周 10cm
10 等分組み合わせ地割り

地巻き糸 …青紫
地割り糸 …エンゼルキング フィールソフト[135]

材料
てまり…1個
ニコイル(6mm)…1個
レザーストラップつきカラビナ…1個

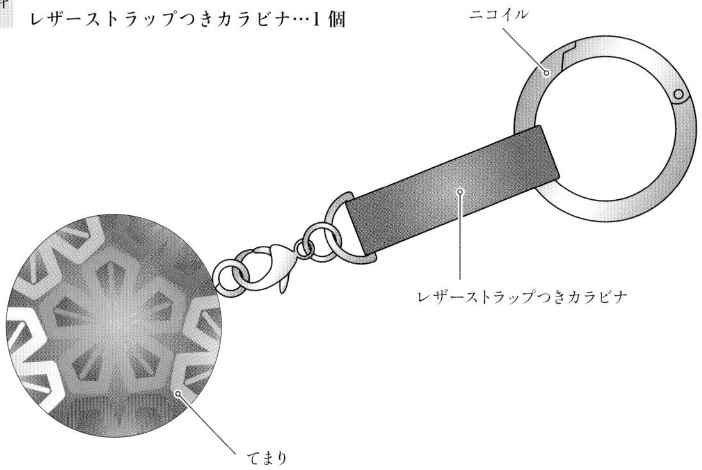

エンゼルキングフィールソフト　黒	
エンゼルキングフィールソフト[1420]	2段め
エンゼルキングフィールソフト[1367]	2段め
エンゼルキングフィールソフト[1418]	2段め
エンゼルキングフィールソフト[1421]	2段め
エンゼルキングフィールソフト[1363]	2段め

1. 傍食(→P.84)を参考にてまりをつくる。補助線はフィールソフト黒で入れる。スタート地点は2mm。模様は向かい合った五角形が同じ色になるように配色する。
2. ニコイルを縫いつけて、レザーストラップつきカラビナにつける。

姫蔓蕎麦の チョーカー

P.35

てまり
円周 6cm
10 等分組み合わせ地割り

地巻き糸 …青
地割り糸 …エンゼルキング ラメックス[60]

材料
てまり…1個
ガラスビーズ　薄い紫…1個
ロー引き丸紐(1.5mm)紺…1m
薄紫のガラスビーズ(2mm穴)…2個
Tピン…1本
花座…1個
デザイン丸カンツイスト(5mm)…1個

菱形	ニコニコ純絹糸[131]	1段め
	ニコニコ純絹糸[154]	1段め
	ニコニコ純絹糸[146]	1段め
	ニコニコ純絹糸[6]	1段め
	エンゼルキング ラメステージ[792]	1段め
10角形	ニコニコ純絹糸[16]	5段め

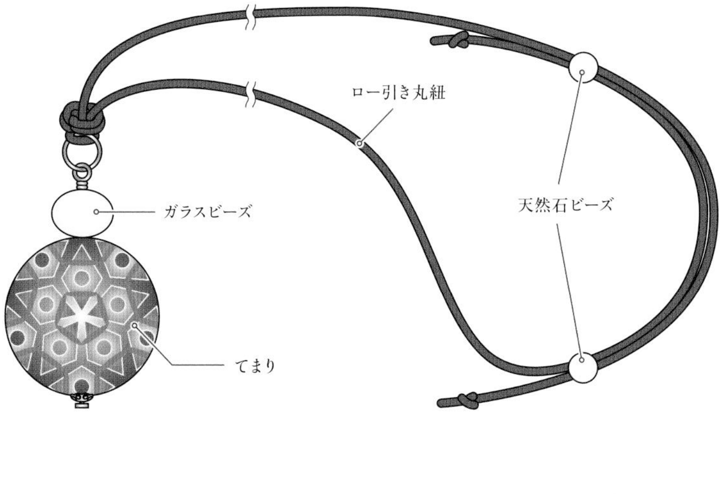

1. 姫蔓蕎麦(→P.88)を参考に、すべて1本どりでてまりをつくる(スタート地点は2mm)。
2. てまりに穴をあけ、Tピンに花座、てまり、ビーズの順に通して留めデザインカンをつける。
3. 丸紐を2に通し半分のところで結び目をつくる。紐の左右にビーズを通し、左のビーズに右の紐を通す。右側も同様にし、紐の先に結び目をつくる。

寺島 綾子（てらじま あやこ）

小さなてまりと、加賀ゆびぬき作家。繊細で美しいものが好き。日々の癒やしは愛犬との散歩。季節ごとに変わる道ばたの花の観察を楽しむ。イベントなどでの作品販売、また、関東中心にレッスンを行う。著書に『小さなてまりとかわいい雑貨』『宝石みたいなてまりとくらしの小物』『愛らしい加賀のゆびぬき』（すべて日本文芸社）がある。

Twitter／@AMAHIRU
Instagram／@inuinunuinui
Blog／http://inuinunuinui.cocolog-nifty.com/ayakumapu/

STAFF

編集／若狭和明（スタジオポルト）、大勝きみこ
デザイン／田山円佳（スタジオダンク）
DTP／舟久保さやか、椎名久美子（スタジオダンク）
撮影／三輪友紀（スタジオダンク）
スタイリング／桑原りさ、原田美恵子
ヘアメイク／鎌田真理子
モデル／小宮衣理
イラスト／三葉南央子
製図／原山恵
校正／みね工房

ヒメジョオン、タンポポ、ヒメツルソバ etc.
糸《いと》をかがって作《つく》る美《うつく》しい花《はな》の世《せ》界《かい》

野《の》の花《はな》の小《ちい》さなてまりとアクセサリー

2021年 11月 12日　発　行　　NDC594

著　　者	寺《てら》島《じま》綾《あや》子《こ》
発 行 者	小川雄一
発 行 所	株式会社 誠文堂新光社
	〒113-0033 東京都文京区本郷 3-3-11
	電話 03-5800-5780
	https://www.seibundo-shinkosha.net/
印 刷 所	株式会社 大熊整美堂
製 本 所	和光堂 株式会社

ISBN978-4-416-62072-4